LA
COMEDIE
DES
TVILLERIES.

Par les cinq Autheurs.

A PARIS,

Chez A V G V S T I N C O V R B E´, Imprimeur, &
Libraire de Monseigneur Frere du Roy, dans la
petite Salle du Palais, à la Palme.

M. DC. XXXVIII.
Auec Priuilege du Roy.

467

A
MONSEIGNEVR
LE CHEVALIER
D'IGBY.

ONSEIGNEVR,

S'il est vray que les Liures ont leur Destin, comme les autres choses du monde, cette Comedie ne peut manquer d'en auoir vn
bon, puis qu'elle a l'honneur de vous estre

a

EPISTRE.

dediée. Ayant à passer de FRANCE en ANGLETERRE, elle y sera ie m'asseu-re, fauorablement reçeuë, sous la prote-ction de vostre Nom, & ne paroistra pas moins à VVITAL, qu'elle a paru dans le LOVVRE. Déja mesme elle reçoit de nouuelles graces entre vos mains; & soû-met à vostre Iugement la meilleure partie de son estime, puis que vous en sçauez faire vne tres-iuste de toutes les bonnes choses, pas vne desquelles ne peut echapper à vo-stre connoissance. Vous en auez, MON-SEIGNEVR, vne tres-parfaite des plus belles Langues, principalement de la no-stre, que vous entendez au dernier point, & dont vous sçauez discerner les beautez d'auec les agreemens de la Grecque & de la Latine, de l'Italienne, & de l'Espagnolle. C'est en ces Langues aussi, que vous pouuez

quand il vous plaiſt, parler des Arts les
plus nobles, & des Sciences les plus exqui-
ſes; comme de la Theologie, & de la Philo-
ſophie; de la Politique, & de la Mora-
le; de l'Hiſtoire, & de la Fable; de l'Aſtro-
logie, & de la Geometrie; de la Nauiga-
tion, & de ſes diuerſes Routes; de la Mu-
ſique, & de la Peinture; Et pour le dire
en vn mot, de toutes les parties de Ma-
thematique; qui ſont les vnes recomman-
dables durant la Paix, & les autres ne-
ceſſaires en temps de Guerre. Ces diuertiſſemens de l'Eſprit s'accompagnent des exer-
cices du Corps, où voſtre adreſſe paroiſt
merueilleuſe; Et à toutes ces choſes enſemble vous adjouſtez les plus illuſtres Vertus
de l'Ame, qui ſont, vne Probité charman-
te, vne Franchiſe incomparable, & vne
Generoſité ſans exemple. Ainſi, MON-

EPISTRE.

SEIGNEVR, vous ne laissez rien à de-
sirer en vous, de tout ce qui peut faire
valoir vn homme de grande naissance; Et
la passion que vous auez pour les Armes,
ne vous fait point negliger l'Amour des Li-
ures, ny les Ouurages des Muses. Elles me
commandent de vous offrir celui cy, pource
qu'elles sçauent bien que ce qui vient d'elles
vous est tousjours agreable, & que de leur
diuin entretien vous en faites vos plus ai-
mables delices. Agreés donc, s'il vous plaist,
que ie vous le presente de leur part, &
qu'à la permission qu'elles m'en donnent,
i'adjouste l'honneur de me pouuoir dire,

MONSEIGNEVR,

Vostre tres-humble, & tres-
obeissant seruiteur,
I. BAVDOIN.

AV LECTEVR.

ETTE Piece, LECTEVR, a esté trop bien concertée, pour n'étre pas dans la iustesse requise, & pour ne point contenter vos yeux, apres auoir charmé vos oreilles. Vous sçauez auec quelle magnificence, elle a esté representée à la Court, & que ceux qui l'ont veuë en ont tous admiré la conduitte, & les decorations de Theatre. Mais le sujet en est encore plus merueilleux, puis qu'il se soûtient toûjours également, & par la beauté des Vers, & par la diuersité des inuentions, qui leur seruent de matiere. Vous en demeurerez d'accord auec moy, si vous en voulez iuger sans passion; & ie suis bien trompé, si vous ne dittes en mesme temps, que les gentilesses & les agréemens de ce Poëme ne peuuent mieux s'approprier qu'à la Scene, dont il emprunte tout son éclat.

AV LECTEVR.

Elle eſt en vn lieu delicieux, & charmant au de là de toute merueille ; Où meſme dans les plus fortes rigueurs de l'Hyuer, ſe font remarquer les belles couleurs du Printemps; où ſe trouue en effet tout ce que les Poëtes ont racconté de leurs Iardins Fabuleux; Et où les Graces & les Deïtés, entretiennent innocemment l'Amour, dont elles reconnoiſſent l'Empire. Ce qui ne vous ſembleira pas nouueau, quand pour vous le faire croire, ie vous auray dit que ce lieu ſe nomme, LES TVILLERIES. Là cét ECHO diuertiſſant, que la Nature produit, & que l'Art tient enfermé dans vn Dedale agreable, paroiſt ingenieux à fauoriſer vn Amant; qui pour le conſulter employe la voix de la perſonne qu'il ayme, ſous pretexte de ſuiure l'aduis qu'il feint auoir eu d'vn Oracle imaginaire. Là meſme d'vne petite eſtincelle, il en allume vn grand feu; Et donnant naiſſance à leur Amour, il la donne auſſi à cette Comedie, qui vous en apprendra le ſuccés. Vous ſçaurez au reſte, qu'elle a eſté faite par cinq
differans

AV LECTEVR.

differans Autheurs, qui pour n'étre pas
nommés, nelaiſſent pas toutes fois d'auoir
beaucoup de Nom ; & les Ouurages deſ-
quels ſont aſſez connus d'ailleurs, pour
vous faire aduoüer le merite de cellui-cy

ã

PRIVILEGE DV ROY.

OVIS, PAR LA GRACE DE DIEV ROY DE FRANCE ET DE NAVARRE: A nos amez & feaux Conseillers les Gens tenans nos Cours de Parlement, Maistres des Requestes ordinaires de nostre Hostel, Baillifs, Seneschaux, Preuosts, leurs Lieutenans & à tous autres nos Iusticiers & Officiers qu'il appartiendra, Salut. Nostre bien amé Augustin Courbé, Libraire à Paris, nous a fait remontrer qu'il a recouuré vn manuscrit d'vn liure intitulé, *La Comedie des Tuilleries, composée par les cinq Autheurs*, lequel liure il desireroit imprimer, s'il auoit sur ce nos lettres necessaires, lesquelles il nous a tres-humb'ement supplié de luy accorder. A CES CAVSES nous auons permis & permettons à l'exposant, d'imprimer ou faire imprimer, vendre & debiter en tous les lieux de nostre obeissance, en vn, ou plusieurs volumes ledit liure, en telle marge & caracteres, & autant de fois qu'il voudra, durant l'espace de sept ans entiers & accomplis, à compter du iour que ledit liure sera acheué d'imprimer pour la premiere fois. Et faisons tres expresses deffences à toutes personnes de quelque qualité & condition qu'elles soient, de l'imprimer, faire imprimer, vendre ny distribuer en aucun lieu de ce Royaume, durant ledit temps & espace, sous pretexte d'augmenation, correction, changement de tiltre, ou autrement, en quelque sorte & maniere, que ce soit, à peine de quinze cens liures d'amende, payables sans déport par chacun des contreuenans, & appliquables vn tiers à nous, vn tiers à l'Hostel-Dieu de Paris, & l'autre tiers à l'exposant, confiscation des exemplaires contrefaits, & de tous dépens dommages & interests. A condition qu'il en sera mis deux Exemplaires en nostre Bibliotheque publique, & vn en celle de nostre tres-cher & feal, le sieur Seguier, Cheualier, Chancelier de France, auant que de les exposer en vente, à peine de nullité des presentes; du contenu desquelles nous vous mandons que vous fassiez iouyr plainement & paisiblement l'exposant, & ceux qui auront droit de luy, sans qu'il leur soit fait aucun trouble ou empeschement. Voulons qu'en mettant au commencement ou à la fin de chaque volume vn bref extraict des presentes, elles soient tenuës pour signifiées, & que foy y soit adioustée, & aux copies d'icelles, collationnées par l'vn de nos amez & feaux Conseillers & Secretaires, comme à l'Original. Mandons aussi au premier nostre Huissier ou Sergent sur ce requis, de faire pour l'execution des presentes tous exploits necessaires, sans demander autre permission. Car tel est nostre plaisir. Nonobstant oppositions ou appellations quelconques, & sans preiudice d'icelles; Clameur de Haro, Chartre Normande, & autres Lettres à ce contraires, DONNÉ à Paris le 28. iour de May, l'an de grace, mil six cens trente-huict : Et de nostre Regne le vingt huictiesme.

Par le Roy en son Conseil.   Signé,   CONRART.

Les Exemplaires ont esté fournis, ainsi qu'il est porté par le Priuilege.

Acheué d'imprimer pour la premiere fois, le 19. Iuin, 1638.

ACTEVRS.

AGLANTE, Gentil-homme François.
ARBAZE, Oncle d'Aglante.
ASPHALTE, Confident d'Aglante.
NERICE, Mere de Cleonice, & Mai-
    treffe d'Aglante.
CLEONICE, Suiuante.
MELINDE, Confidente de Cleonice.
ORPHISE, Voifin de Cleonice.
FLORINE, Voifine d'Arbaze.
Deux BRAVES.
Le Gardeur des Lyons.
IANOT, & TOINET, Iardiniers.

La Scene eft aux Tuilleries.

MONOLOGVE.

LES TVILLERIES.
MONOLOGVE.

Acré Pere du iour, beau Soleil, fors de l'onde,
Et vien voir auec moy le plus beau lieu du
   monde;
C'eſt du plus grand des Roys le ſuperbe ſejour,
Et le vray Paradis des delices d'Amour.
C'eſt icy que la Gloire eſtablit ſon Empire,
Que tout y meurt d'Amour, ou que tout en ſoûpire;
Et quiconque a peu voir vn ſéjour ſi charmant,
Ne veut plus auoir d'yeux que pour luy ſeulement.
  Parterres enrichis d'éternelle peinture,
Où les graces de l'Art ont fardé la Nature;
Que vôtre abord me plaiſt! que vos diuerſitez,
Me monſtrent à l'enuy d'agreables beautez!
C'eſt auecque plaiſir que le Ciel vous éclaire,
Il ſemble que l'Hyuer ait peur de vous déplaire;
L'Eſté n'oſe ternir vôtre aimable verdeur,
Et ſa flâme pour vous n'a que de la ſplendeur.
  Vieux Cheſnes, vieux Sapins, dont les pointes chenues
S'éloignent de la terre, & s'approchent des nues;
Bois, où l'Aſtre du iour confondant ſes rayons,
  Fait naitre cent Soleils, pour vn que nous voyons.

ẽ

MONOLOGVE.

Beaux lieux, dont la tranquile, & plaisante demeure,
Ne reçoit point d'ennuy, qu'aussi tost il n'y meure;
Vous voir, vous posseder est mon bien le plus dous,
N'est-ce pas viure heureux, que de viure chez vous?
        Apres auoir passé dans vne grande Allée,
D'Aulnes & d'Ypreaux artistement voilée;
Le fauorable sort qui me guide en ces lieux,
M'a fait d'vn Carré d'eau voir l'objet gratieux,
Ou le chant des oyseaux, & le bruit des Fontaines,
Font vn concert plus doux que celuy des Sireines.
        C'est vn plaisir de voir la Nymphe de ces eaux,
Couurir sa nudité d'vn crespe de roseaux;
Friser l'Azur flottant de ses tresses humides,
Se couronner le front de ses Perles liquides,
Ternir de son éclat les Nymphes d'allentour,
Et parêtre vne Reyne, au milieu de sa Cour.
C'est vn plaisir de voir l'ombre de ces feuillages,
Emailler ce Cristal de leurs vertes Images;
Errer au gré du vent, aussi bien que ces flots,
Et tous ces mouuemens me donner du repos.
Sur quelque Verité que la Fable se fonde,
Venus ne prit iamais sa naissance de l'onde,
Ou voyant vn lict d'or sous ce flot de Cristal,
I'ose bien asseurer que c'est son lieu natal.
Il semble que ces bords gardent encor ses traces,
Que le teint de ces fleurs soit celuy de ses Graces,
Que ce Dedale sombre, en ses confus détours,
Serue encor de retraitte à ses petits Amours,

Et que l'air de ce lieu, qui termina leur course,
Inspire des douceurs, dont ils furent la source.

    Mais pour ioindre l'Amour auec l'honnesteté,
Et monstrer qu'en ces lieux regne la Chasteté;
Vn Enfant qui soûrit d'vne admirable grace,
Est l'innocent conduit où cette belle eau passe;
Et pour plus d'Innocence, & plus de pureté,
Ie viens d'àpperceuoir que l'on auoit ôsté,
Ce que l'Art, qui se plaist d'imiter la Nature,
Auoit mis de honteux dans sa chaste figure.

    De là guidant mes pas dans vn fonds découuert,
I'ay veu les raretez d'vn demy-cercle vert,
Qui porte iusqu'au Ciel ses hautes pallissades,
Dont l'agreable sein s'ouure à nos promenades.
C'est là qu'on oyt souuent, & des Luts, & des voix,
Imposer le silence aux oyseaux de ces bois,
Et rendre d'autant plus leur Musique parfaite,
Qu'vn Echo rauissant l'anime, & la repete.

    Vous diriez qu'en ce lieu cette Fille de l'air,
Cette Nymphe, qui naist & meurt comme vn éclair,
Ne redouble l'accent de ses voix nompareilles,
Qu'afin d'y redoubler le plaisir des oreilles.

    Errant par les détours de ces plaisans Vergers,
Ie me suis rencontrée en vn bois d'Orangers,
Où l'éclat d'vn beau Vert, au Iaune d'or s'assemble,
Où les fleurs & les fruits se nourrissent ensemble;
Symbole de l'Amour, dont le feu précieux,
Flatte les ieunes gens, & rajeunit les vieux;

MONOLOGVE.

Chatouille leurs esprits d'vne belle apparance,
Entretient leur desir d'vne vaine esperance ;
Et d'vn trait émousse les venant assaillir,
Leur presente des fruits, qu'ils ne sçauroient cueillir.
Alors pour satisfaire au desir qui me touche,
I'en ay pris vne feuille, & l'ay mise en ma bouche ;
Mais comme sa couleur me l'a fait souhaitter,
Son suc aspre & picquant me l'a fait rejetter :
Ce qui m'a fait penser, qu'Amour a de coustume
D'assaisonner ses fruits de beaucoup d'amertume ;
Et qu'ordinairement, lors qu'on n'y songe pas,
Il mesle du poison dans ses plus doux appas.

Apres on m'a monstré dans vn Antre sauuage,
Des Bestes dont les yeux ne flambent que de rage ;
Des Tygres, des Lyons, des Ours, des Leopards,
Adoucir à l'enuy leurs farouches regards ;
Esteindre la fureur qui les rend redoutables,
Flechir dessous l'Amour, se rendre plus traittables ;
Et dans les sentimens de leur brutalité,
Adorer son pouuoir, & benir sa bonté.

De là gaignant le haut d'vne longue Terrace,
Dont l'objet merueilleux tous les autres efface,
I'ay pris à la main droitte vn petit escalier ;
Et conduisant mes pas dans vn long Espalier,
Le Pauillon des Tuilleries, ou loge Mademoiselle. I'ay veu d'vn grand Palais le pompeux Edifice,
Superbe de matiere, & riche d'artifice ;
Approcher du Soleil ses sommets azurez,
Esclatter à l'enuy de ses rayons dorez,

MONOLOGVE.

Et monſtrer en ſon ſein la voûte ſuſpenduë,
D'vn Eſcalier ouuert, & de vaſte eſtenduë,
Les viſions d'vn ſonge, ou d'vn enchantement,
N'ont iamais ſceu former vn ſi beau baſtiment.
I'ay ſceu que l'Amour meſme y fonde ſon Empire,
Depuis qu'vne Princeſſe auec luy s'y retire;
Nymphe toute adorable, illuſtre ſang des Dieux,
Merueille de la terre, & chef-d'œuure des Cieux,
Dont la Beauté naiſſante, & la Vertu diuine,
- *Augmentent la ſplendeur de ſa haute origine.*
Que de peuples vn iour réuereront ſes Loix!
Elle ſera l'objet des paſſions des Roys;
Et combien que les Dieux ſoient d'eſſence immortelle,
Les Dieux aſſeurément voudront mourir pour elle.

Pourſuiuant mon chemin dans vn oblique tour,
Et coſtoyant les Murs de ce plaiſant ſejour;
I'ay rencontré des Paons, dont les diuers plumages,
De la beauté des fleurs ſont les viues images.
Ie les ay veu marcher en ſuperbe appareil,
Expoſer leurs Miroirs aux rayons du Soleil,
Comme s'ils euſſent dit à leurs chaſtes femelles,
Sommes nous auſſi beaux que vous nous ſemblés belles?
Et tant plus cét éclat les rendoit orgueilleux,
Plus ils me rauiſſoient d'vn plaiſir merueilleux.

I'ay veu d'autres oyſeaux, de diuerſe peinture, La Voliere.
Dont le vol eſt borné d'vne riche cloſture,
Démentir par leur chant ceux qui contre raiſon,
Soûtiennent qu'il n'eſt point d'agreable priſon.

MONOLOGVE.

Dans le reſſentiment de leur bon-heur extréme,
Leurs nœuds leur ſont plus dous que la liberté meſme;
Et ie crois en effet que ce lieu de plaiſir,
Ne les retient pas tant, que leur propre deſir.
Ces Sireines des bois, ces volantes merueilles,
Ces diuertiſſemens des yeux, & des oreilles,
M'ōt appris que l'Amour, ce deus charme des maux,
Eſt, comme le plaiſir, la fin des Animaux.

　　Ce qui m'a pleu ſur tout, ce ſont deux Tourterelles
Qui ſe faiſoient careſſe, & du bec, & des aiſles;
Et de chaſtes baiſers leurs flâmes vniſſant,
Goûtoient ce que l'Amour a de plus rauiſſant.
Cependant mille oyſeaux aux plumes émaillées,
Chantoient de ſi doux airs, ſous leurs vertes feuillées,
Qu'a la fin i'ay penſé, que ces concerts charmans,
Seruoient d'Épithalame à ce couple d'Amans.

　　Conſiderant touſiours cette bande captiue,
I'ay veu des Paſſereaux, de nature laſciue,
Eſteindre la chaleur qui boüilloit dans leur ſein,
Et ſans honte accomplir leur amoureux deſſein;
Deſ-honneſtes obiets, dont la veuë eſt bleſſée,
Et dont i'ay détourné, mes yeux, & ma pénſée.

　　A meſme temps i'ay veu ſur le bord d'vn ruiſſeau,
La Cane s'humecter de la bourbe de l'eau,
D'vne voix enrouée, & d'vn battement d'aiſle,
Animer le Canard, qui languit aupres d'elle;
Pour appaiſer le feu qu'ils ſentent nuit & iour,
Dans cette onde plus ſalle encor que leur amour.

MONOLOGVE.

Lors i'ay dit en mon cœur, ſi l'Amour ne ſepare
Ce qu'il a de commun, de ce qu'il a de rare,
Le plaiſir innocent d'auec l'impureté,
L'eſprit n'y trouue pas ce qu'il a ſouhaitté.

Mais cōme vn beau ſeiour d'autāt plus nous cōtēte,
Qu'il nous montre d'obiets qui paſſent nôtre attente,
Pourſuiuant mon deſſein, d'vn regard curieux
I'ay voulu viſiter le reſte de ces lieux;
I'ay trauersé l'Ouale, où l'Echo qui reſonne,
Rend ces bois animez, plus que ceux de Dodonne;
Là dans vn Baſtion peint de mille couleurs,
I'ay veu de beaux iaſmins, & d'autres belles fleurs,
De qui l'aimable odeur, m'a bien-toſt fait conneſtre,
Que des plus dous parfums Amour eſt le vray maitre.
Tout ce qui m'a dépleu, c'eſt que portant la main
Sur l'vne de ces fleurs, elle a pâly ſoudain;
Et ceſſant d'étre belle, étant épanouye,
Son éclat s'eſt terny, ſa force éuanouye:
Si bien que retournant deſſus mes premiers pas,
I'ay veu ſa fueille ſeiche, & ſon teint ſans appas:
Image des Beautez, dont le luſtre viſible
Ne peut eſtre eſtimé, s'il n'eſt inacceßible.

Ce ſeiour haut & bas, dans ſes diuerſitez,
M'a fait voir de l'Amour les inégalitez;
Et l'étroitte vnion des plaiſirs & des peines,
Que nous donne ſon feu, dés qu'il gliſſe en nos veines.

Du Tertre le plus haut de ce vaſte ſeiour,
Où le Soleil épand les derniers traits du iour,

MONOLOGVE.

Le Cours.

I'ay veu l'alignement d'vne superbe Allee,
Parmy son sable d'or de rubis étoillée,
Couuerte de rameaux, dont les feuillages verds,
Conseruent leur peinture, en dépit des hyuers;
Receuoir en son sein nos Dieux, & nos Deesses,
Dans leurs chars de triomphe, éclattans de richesses;
Et leur fournir d'vn Cours aussi delicieux,
Que les Astres errans en trouuent dans les Cieux.
Ie croy que le Soleil, en faisant sa carriere,
N'éclaire ce beau lieu du feu de sa lumiere,
Que pour nous faire voir dedans sa nouueauté,
Son extréme longueur, ainsi que sa beauté;
Objet mysterieux, qui nous donne à connestre,
Que depuis que l'Amour s'est rendu nôtre Maistre,
Et que dans ses sentiers il engage nos pas,
On y void des longueurs, que lon n'esperoit pas;
Comme on y sent des maux, dont la suitte infinie
Nous fait incessamment blâmer sa tyrannie,
Et publier par tout, qu'on rencontre chez luy,
Peu de contentement, auec beaucoup d'ennuy.
    Apres que ces Objets ont arresté ma veuë
Dessus les raretez, dont leur grace est pourueuë;
I'ay tout à coup ouy retentir dans les Airs
Vn mélange de voix, & d'instrumens diuers;
Dont l'aimable douceur tant de charmes inspire,
Que ie les veux goûter, plûtôt que de les dire.
Esprits qui recherchez la Musique des Cieux,
Vous la pouuez ouïr, sans sortir de ces lieux.

LA
COMEDIE
DES
TVILLERIES.

ACTE I.

SCENE I.

AGLANTE feul.

Eyne des changemens, inconftante Deeffe,
Tes effets font bien voir nôtre extréme
foibleffe ;
Quel deffein eft fi iufte, & fi bien concerté,
Qu'il ne deffende encor de ta legereté ?

A

On peut deliberer, mais feule tu difpofes;
De ton defordre naift l'ordre de toutes chofes:
Tu regnes, fans égalle, & ton aueuglement,
Renuerfe les projets du plus clair Iugement.
Ie m'étois difpofé pour vn prompt Mariage;
Ce matin m'engageoit, & ce foir me dégage.
Ce qui m'étoit fi doux, m'apporte de l'ennuy;
Ie fouhaittois hier, & ie crains aujourd'huy:
La flame du matin, le foir n'eft plus que cendre;
Et ie me trouue pris, au point que ie veux prendre.
Deux regards m'ont guery; mais vn feu violent,
A fuccedé bien-toft à cét autre plus lent:
Sur celuy qui s'étaint, vn bien plus grand s'allume;
Le premier m'échaufoit, & l'autre me confume,
Quels étoient ces regards, & quels plus doux
   vainqueurs,
Peuuent charmer les yeux, & triompher des cœurs?
Ils ont pris ma Raifon, par vne douce amorce;
Aucun amour naiffant, n'eût iamais tant de force.
Quel objet fut iamais, tant & fi-tôt aymé?
Que feroit fon difcours, fi fes yeux m'ont charmé?

SCENE II.

AGLANTE, ASPHALTE,

ASPHALTE.

Voy, ie vous trouue icy ? quelle eſt mon auanture ;
Mais que l'Art a bien-toſt ajuſté la Nature !
Qu'il a d'vn Voyageur fait vn beau Courtiſan !
Et que l'Amour, Aglante, eſt vn prompt Artiſan!

AGLANTE.

De quoy que parle Aſphalte, il parle auecque grace,
Mais ſur tout, à railler aucun ne le ſurpaſſe :
Il fait, meſme en gauſſant, aymer ſon entretien;
Auſſi, cher Confident, quel eſprit vaut le tien?

ASPHALTE.

L'œil ne peut dementir ce changement extréme;

A ij

Aglante ce matin, est autre que luy-mesme.
Quoy? d'hier seulement, vous estes arriué,
Et dépuis le Soleil à peine s'est leué,
Et ie vous puis treuuer aiusté de la sorte,
Les cheueux si poudrez, l'habit tel qu'on le porte,
Enfin aussi poly, que si toûjours la Cour,
Auoit dépuis dix ans, esté vôtre sejour.
Mais, que vous goûtez mal le bien qui vous arriue!
D'où naist mal à propos, cette humeur si pensiue,
En vn iour que ie voy si cher à vos amis,
Où de si doux appas, à vos vœux sont promis?
De charmes infinis Cleonice est pourueuë;
Et brûlante d'amour, elle attend vôtre veuë;
Quel si secret ennuy, vous peut affliger tant,
En vn si grand sujet de paroistre content?

AGLANTE.

Ce que tu tiens amy, pour mon bon-heur extréme,
Fait naistre mon mal-heur, & c'est mon mal-heur
   mesme:
Il faut ouurir mon cœur à ta fidelité;
Mais Dieux! que diras-tu de ma legereté?

ASPHALTE.

L'amour veut il ailleurs ranger vôtre franchise?
De quelque objet nouueau vôtre ame est-elle éprise?

Quel changement arriue en vôtre affection?
Ne vous défiez point de ma discretion.

AGLANTE.

Elle m'est trop connuë; il faut que ie t'auouë,
Comme de mes desseins la Fortune se iouë;
L'espoir & le succez souuent sont differens,
Ie ne puis sans mourir, contenter mes parens.

ASPHALTE.

O Dieux, que dites vous!

AGLANTE.

    Ce que ie deurois taire;
Escoute toutes-fois, ie te vay satisfaire;
I'ayme les plus beaux yeux, qui puissent voir le iour:
Mais appren depuis quand, & quelle est mon
 Amour.
Il te souuient qu'hier, apres mon arriuée,
Apres auoir soupé, la table estant leuée,
Mon Oncle trouua bon, que ie fusse conduit,
Au logis des Baigneurs, où i'ay passé la nuit.
Au sortir de ce lieu, ma premiere pensée,
Dans vn Temple prochain, vers le Ciel s'est dressée;
Assez prés du logis de la jeune Beauté,

Auec qui mon Hymen deuoit eſtre arreſté.
Là ie priois le Ciel, que rien n'y fut nuiſible,
Attendant le moment qu'elle ſeroit viſible;
Quand de ſoudains rayons ont éblouy mes yeux,
Et diuerty mon cœur de l'entretien des Dieux.
Telle, ou plus belle encor, que ne paroiſt l'Aurore,
Aux yeux de ſon Chaſſeur, ſur le riuage More;
La plus rare Beauté, que le Ciel vit iamais,
A dans ce ſacré lieu fait briller ſes attraits.
Au point qu'elle eſt entrée, vn changement extréme,
M'a fait en vn inſtant different de moy-meſme;
Et ſans la voir encor, mon corps, & mes eſprits,
D'vn prompt ſaiſiſſement ſe ſont trouuez ſurpris.
Les charmes infinis, qui parent ſon viſage,
Des yeux, & de l'eſprit m'ont ſuſpendu l'vſage;
Et confus que i'étois, ie ſçauois ſeulement,
Que ce que ie voyois, eſtoit rare, & charmant.
Plus ie la contemplois, plus i'accroiſſois mes peines;
Vne extréme froideur s'eſt gliſée en mes veines;
Mais i'ay ſenty bien-toſt vn effet differant;
Ma froideur s'eſt changée en vn feu deuorant
Et ſentant cette ardeur, en naiſſant eſtre telle,
Ie me croyois frappé d'vne fieure mortelle;
Et que l'air corrompu, m'auoit mis à ce point,
Où mon mal toutesfois ne me déplaiſoit point.
Ce poiſon me venoit d'vne cauſe ſi belle,
Que ie tenois toûjours l'œil attaché ſur elle:

I'aymois à me blesser, & mon soulagement,
Dépendoit du moyen d'accroistre mon tourment.
Ha ! que l'Amour en moy faisoit d'effets contraires!
Ses coups surpassoient bien leurs forces ordinaires;
Ie fus malade, sain, froid, chaud, viuant, & mort,
Et tout par vne cause, & par vn mesme effort.
Mais, pour te dire tout, cette Amour violente;
Change iusqu'à mon Nom, ie ne suis plus Aglante;
On m'appelle Philene, & Megate est le Nom,
De l'adorable Obiet, qui charme ma Raison.

ASPHALTE.

Cét Enigme est obscur, ie ne le puis entendre.

AGLANTE.

Tu le sçauras bien tost, ie te le vais apprendre.
Quand après son excez, ce transport vehement,
M'a laissé recouurer vn peu de iugement;
Par mon instruction, mon homme auec addresse,
De la Suiuante a sceu le nom de la Maitresse;
Et i'ay veu son Lacquais, que ie me doutois bien,
S'aprocher de mes gens, pour s'enquerir du mien.
Dieux! par quel heur mon Ame, encor toute égarée,
Se vit elle si tost, & si bien inspirée?
Et comment, si troublé, me ressouuins-ie alors,

Que Philene est vn Nom, qui marque mes transports!
Mon homme instruit par moy, me nomma de la sorte,
Et non pas sans dessein, ce changement m'importe;
Megate par le mien, peut estre m'eût connu,
Elle eut sceu le sujet, pourquoy ie suis venu;
Et pour quelle Beauté, mon Oncle me destine,
Et cette connoissance eût causé ma ruïne.
I'ay preueu ce danger, & le nom que i'ay pris,
Conuient à cette ardeur, dont ie me sens épris.

ASPHALTE.

Dieux! qu'est ce que i'entens?

AGLANTE.

    Il reste de te dire,
Que i'attens en ce lieu l'Objet de mon Martyre;
Car au sortir du Temple, & passant pres de moy,
Elle a dit assez haut (à dessein, ie le croy,
Parlant à sa compagne) allons aux Tuilleries,
Entretenir tantost nos tristes resueries:
Au reste, si i'entens ce langage muet,
Par qui l'œil d'vne Dame, exprime son secret;
Et si la viue ardeur, dont mon ame est preßée,
Par trop de vanité ne flatte ma pensée;
I'ose viure, attendant l'honneur de la reuoir,
Comme sans arrogance, außi sans desespoir.

             Certains

Certains traits de ses yeux, à qui la modestie
Laissoit de leur douceur la meilleure partie,
M'ont dit secrettement, que ie ne déplais pas
A cét Ange mortel, pourueu de tant d'appas.

ASPHALTE.

D'abord oyant parler d'vne ardeur si tost neé,
Elle blessoit mon sens, & ie l'ay condamnée.
Mais ce recit entier, par vn prompt changement,
M'oblige à condamner mon premier sentiment.
Vostre Amour me rauit, plus qu'elle ne m'estonne,
Suiuez, sans autre aduis, celuy qu'elle vous donne.

AGLANTE.

Que c'est vn doux plaisir à l'esprit d'vn Amant,
Que d'auoir vn amy, qui flatte son tourment!
Puis que tous les moyens que la Prudence essaye,
Au lieu de le guerir, croissent plustost sa playe;
Toy, que i'ay veu tousiours espouser mes desirs,
Compagnon de mes soins, comme de mes plaisirs,
Et qui m'as si souuent, en de si longs voyages,
De ton affection rendu des témoignages;
Par de nouueaux effects, prouue cette amitié,
En cette occasion, si digne de pitié;
Et croy, que du succez qui suiura mon enuie,

B

Dépend abfolument, ou ma mort, ou ma vie.

ASPHALTE.

Croyez que ie prens part à tous vos interets,
Et que tous vos defirs, me font de doux arrefts.

AGLANTE.

Va donc chez mes parens, fous couleur de vifite,
Tafcher à differer, la Loy qui m'eft prefcrite :
Retarde par tes foins, au moins d'vn iour, ou
   deux,
L'accord de cét Hymen, fi contraire à mes vœux.
Dy leur, qu'auec plaifir i'attens ce Mariage ;
Mais pleignant le trauail, que m'a fait mon voyage,
Dy que ce peu de temps, qu'ils me doiuent laiffer,
Eft pour me reconnoiftre, & pour me delaffer.

ASPHALTE.

Adieu, pour vn effect d'vne telle importance,
Croyez que i'employeray toute mon eloquence.

AGLANTE.

Fay donc toft, ie t'attends.

ASPHALTE.

Si mon effort est vain,
Blasmez en mon mal-heur, & non pas mon dessein.

***

SCENE III.

ASPHALTE sortant, & voyant entrer Cleonice,

Velle rare merueille en ce lieu se presente?
O qu'Aglante est heureux, en son amour
naissante !
Si c'est de cét Objet qu'il est adorateur,
Et si de ces transports ce belle œil est autheur.

SCENE IV.

AGLANTE, CLEONICE,

MELINDE.

AGLANTE.

Ais n'apperçois-ie pas cét Objet sans
  exemple,
Que mes yeux ce matin adoroient dans
  le Temple?
Dieux! que ie suis heureux d'admirer de plus prés,
Ces doux Astres d'Amour, & ces charmans attraits;
O dieux! qu'a fait le Ciel, qui vous soit comparable?

CLEONICE.

On souffre, sans contrainte, vne erreur fauorable;
Mais ie reçois, Monsieur, vôtre ciuilité,
Si ce n'est sans plaisir, au moins sans vanité:
Mais vne affliction sensiblement me touche,
Qui m'éloigne de vous, & me ferme la bouche.

AGLANTE.

Vous perdray-je si tost, & ne puis-ie vn moment,
Posseder l'entretien d'vn Objet si charmant ?

CLEONICE.

Ie viens passer vne heure en ce lieu solitaire,
Plus afin d'y réuer, qu'afin de me distraire ;
Et ce beau lieu me plait, parce qu'il entretient,
Par vn secret pouuoir, l'humeur où l'on y vient.
Ie le cerche à dessein, dans l'ennuy qui me presse,
Pour la vertu qu'il a de nourrir ma tristesse.

AGLANTE.

Pour réuer à souhait, & nourrir vos ennuis,
Vous ne deuez cercher que les lieux où ie suis ;
Puis qu'au point où m'a mis vn déplaisir extréme,
Ie suis la réuerie, & la tristesse mesme.

CLEONICE.

Quel est ce déplaisir? vn ennuy partagé
A quelqu'vn qui nous plaint, est beaucoup sou-
lagé.

AGLANTE.

Vn si triste discours, belle, & rare merueille,
N'est pas un entretien digne de vostre oreille:
Vous voulez m'obliger à vous estre ennuyeux,
Et tout autre discours, vous diuertira mieux.

CLEONICE.

L'ennuy, comme la ioye, a quelquefois ses charmes:
On void de beaux tourmens, & d'agreables larmes;
Pouuez-vous contenter ma curiosité?
Excusez toutesfois mon importunité:
On ne peut vous entendre, en l'endroit où nous
   sommes;

AGLANTE.

Ie plains, & iustement, celuy de tous les hommes,
Qui doit le plus se plaindre, & qui m'est le plus cher,
Mais son malheur est tel, qu'il vous pourroit toucher:
Espargnez-vous, Madame, vne peine inutile.

CLEONICE.

Dieux! déia vos refus me rendent inciuile,
Et c'est trop vous presser:

AGLANTE.

Ie ne vous tairay rien,
Puis que vous agréez ce mauuais entretien:
Cét homme, à qui le Ciel se monstre si seuere,
Me void également sensible à sa misère:
Nous auons mesmes biens, nous auons mesmes soins;
Et tous nos interests ont tousiours esté ioints:
Ses parens l'ont porté, par vn aueugle zele,
Au party d'vne Fille, honneste, riche, & belle;
Et luy, qui iusqu'alors viuoit sans passion,
Se laissoit gouuerner à leur discretion :
Mais par vn changement, que l'Amour a fait naitre,
Ce jaloux Dieu des cœurs, s'est bien fait reconnêtre:
Il veut qu'vn bel Hymen soit l'effet de ses traits:
Il laisse disposer, mais il dispose apres:
Il fait, quand il luy plait, ou rompt vn Mariage:
Il brusle, il refroidit, il délie, il engage;
Surprend nôtre raison, change nos volontez,
Et des élections fait des necessitez.
Celuy que ie vous dis éprouue à son dommage,
Que les cœurs, tost, ou tard, luy doiuent rendre hom-
    mage:
Car vne heure, vn instant, a changé son desir,
Et l'Amour le contraint, en le laissant choisir.
Au point que le Soleil commençoit la iournée,
Qui deuoit arrester son futur Hymenée,

Faisant ses vœux au Temple, vne ieune Beauté
A ses yeux éblouis, & son cœur enchanté.
Des attraits infinis ont sa raison surprise,
Il s'est senty par eux arracher sa franchise:
Vers cét vnique obiect, ses vœux se sont tournez,
Et ses premiers desseins ont esté ruinez.
Cett' amour le possede, auec tant de puissance,
Et cette Passion est telle en sa naissance,
Qu'il craint, desire, espere, & tremble en mesme
  temps;
Dieux! que d'vne Beauté les charmes sont puissans!
Il demeure interdit, en cette peine extréme,
Et ne peut contenter ses parens, ny soy-mesme.

CLEONICE.

O Caprice plaisant de l'Amour, & du Sort!
L'admirable rencontre, & l'extréme rapport!
Ie songeois au mal-heur d'vne de mes parentes,
Qui passoit en froideur les plus indifferentes;
Et qui dépuis deux iours, ressent à mesme point,
Les forces de ce Dieu, qu'elle ne craignoit point:
Ses parens d'vn accord, se choisissoient vn Gendre,
Que son respect aueugle alloit luy faire prendre,
Quand l'Amour se seruant de son autorité,
A dessous d'autres loix rangé sa liberté:
Elle ayme vn inconnu, telle est son auanture;

                                          Et

Et vous pouuez iuger combien elle m'est dure,
Puis que de vôtre Amy vous sentez les ennuis,
Et que vous vous trouuez en la peine où ie suis.

SCENE V.

AGLANTE, CLEONICE,

MELINDE, ORPHISE,

ORPHISE, à Cleonice.

I'Arriue icy bien tard; mais si ie ne m'abuse,
Cette faute vous plaist, il n'y faut point
d'excuse;
Vôtre esprit trouue assez dequoy s'entretenir,
Et ie croy qu'vn Hymen en peut beaucoup fournir.
Mais dessus quels discours vous ay-ie interrompuë?
Quel est ce Caualier, si charmant à ma veuë;
Et qui paroist d'abord, pourueu de tant d'appas,
Qu'on ne peut, le voyant, ne s'en enquerir pas.

CLEONICE.

Me trouuant par hazard en cette solitude,

Et croyant que i'étois en quelque inquietude,
Sans m'auoir iamais veuë, il m'est venu parler,
Ou pour me diuertir, ou pour me consoler.
Mais il souffre le plus, & me contoit sa peine;
Si ie m'en ressouuiens, il s'appelle Philene :
Mais que le Ciel m'oblige, en t'enuoyant icy !
Que tu me peux tirer d'vn extréme soucy !
Exerce en ma faueur tes bontez ordinaires;
Voy chez nous en quel point sont toutes les affaires;
Où l'on croit que ie sois, si l'on ne m'attend pas.

ORPHISE.

Vous serez satisfaite, & i'y vay de ce pas.

SCENE VI.

AGLANTE, CLEONICE,

MELINTE,

CLEONICE.

Ieux! qu'elle me causoit vne peine indicible!

AGLANTE.

Celle que ie souffrois, estoit bien plus sensible;
Veu qu'outre le plaisir d'vn entretien si doux,
Que l'oreille, & les yeux gouftent auecque vous,
Elle m'ostoit encor le moyen de m'instruire,
Comment en ce malheur il me faudra conduire;
Puisque de ces Amans l'accident est pareil.
I'implore là dessus vôtre sage conseil:
De quel heureux auis à la fin s'est seruie,
Celle qui vous est chere autant que vôtre vie?

C ij

CLEONICE.

Elle ne sçait encor en cette Paßion,
Où trouuer ny secours, ny resolution,
Et pource que ie tiens qu'estant ce que nous sommes,
Il nous est bien seant de prendre aduis des hommes;
Sçachant uostre vertu, i'ose vous consulter,
Pour apprendre celuy que ie luy dois porter.
Ne me refusés point cét aduis salutaire,
Que cét extréme ennuy luy rend si necessaire.

AGLANTE.

Ha! que n'est mon pouuoir égal à mon desir!
Que i'allegerois tost leur commun déplaisir!
Mais, ô rare Beauté, puis-ie, sans vous déplaire,
Et sans que ie paroisse insensé, temeraire,
Oser vous enquerir, si vous sçauez chanter.

CLEONICE.

Quoy, cette qualité vous peut elle importer?

AGLANTE.

Elle peut soulager nostre commun martyre;

Mais ie m'abuſe helas! & ie croyois vous dire,
Celuy de nos amis;

CLEONICE.

Mes parens autresfois,
S'ils ne m'ont point flatteé, ont eſtimé ma voix.

AGLANTE.

I'oze donc eſperer vne agreable iſſuë,
D'vne Prediction, qu'à Naples i'ay receuë ;
Que i'auois oubliée, & dont mon ſouuenir,
En cét heureux moment, vient de m'entretenir.
Oyez ce qu'vn Vieillard, vn iour m'y fit en-
  tendre,
Lors que i'étois encor en mon âge plus tendre.
Mon enfant, me dit-il, le plus beau de vos ans,
Ne ſe paſſera pas, ſans des ſoucis cuiſans;
Vn homme vous eſt cher à l'égal de vous-meſme,
A qui le Sort reſerue vne miſere extréme :
Vous prendrez telle part en ſon cruel ennuy,
Que vous le ſentirez à meſme point que luy:
Mais du chant d'vne Fille, à qui toute autre cede,
Rendu par vn Echo, viendra vôtre remede.
C'eſt ce qu'il me predit, & pour nôtre repos,
Vous voyez qu'vn Echo s'offre à nous à propos.

Seruons leur paſsion, & tentons la Fortune;
Pour le ſoulagement de leur peine commune,
Faiſons qu'Amour la traitte auec moins de rigueur,
Et par vne Chanſon, enchantez ce Vainqueur.
On dit qu'il n'a point d'yeux, mais il a des oreilles;
C'eſt pour les malheureux, qu'il fait plus de mer-
    ueilles,
Reſpondant aux accens de vôtre belle voix,
Echo nous inſtruira peut-eſtre de ſes loix.
Obligez ces Amans, tentez la Prophetie;
Celle qu'on mépriſoit, eſt par fois reüſie.
Mais il nous faut haſter, pour leur ſoulagement;
Qui peut obliger toſt, oblige doublement.

AGLANTE.

S'il ne faut qu'obeir, ie puis vous ſatisfaire;
Mais ie n'ay pas de voix, capable de vous plaire:
I'y taſcheray pourtant.

CLEONICE.

                    Puis que voſtre bonté
Daigne les obliger de cette charité;
Si vous le permettez, i'iray vers la fontaine,
Comprendre en quelques vers noſtre commune peine;
Et combien le malheur de ces ieunes Amans,
Depuis leur Paſsion, nous couſte de tourmens.

CLEONICE.

Et moy, pour vous laisser encor plus solitaire,
I'iray iusqu'au logis, me monstrer à ma Mere.
Ie ne tarderay point, c'est fort pres de ce lieu;
Faites vôtre Chanson,

AGLANTE.

Elle vaut faicte,

CLEONICE.

Adieu.

ACTE II.

ACTE II.
SCENE I.

CLEONICE, MELINDE.

CLEONICE.

Ve i'ay l'eſprit confus ! que ie ſuis miſe-
  rable !
  Le trouble où ie me vois , n'eſt-il pas dé-
   plorable ?
Ie ne ſçay que choiſir , ie ne ſçay que quitter;
Ie reconnois mon mal , & ne puis l'euiter :
Ie reconnois mon bien , & ne ſçaurois le ſuyure ;
Ie crains égallement , de mourir , & de viure ;
Et ce qui plus m'étonne , eſt qu'en moins d'vn mo-
  ment ,
I'ay perdu Liberté , Plaiſir , & Iugement.

           M E-

MELINDE.

Ie ne vois rien en vous, qui me paroiſſe étrange :
Vous changez, il eſt vray, mais tout le monde change :
Hier, vous ſuyuiez d'autruy l'aueugle paſſion,
Aujourd'huy vous ſuiuez vôtre inclination.
Pour plaire à des Parens, hier vous aymiez A-
  glante ;
Pour Philene aujourd'huy, vôtre amour eſt ardente.
Aucun à mon auis, ne vous en peut blâmer,
C'eſt ne hayr perſonne, & c'eſt toujours aymer.

CLEONICE.

Mocque toy, ſi tu veux, de mon cruel martyre,
Il n'importe, pourueu que Philene en ſouſpire.

MELINDE.

Qui ne ſe rendroit pas à vos charmes ſi doux ?
Peut-eſtre que Philene eſt plus bleſſé que vous.

CLEONICE.

Sans m'en apperceuoir, aurois-ie ſceu le prendre ?
Pourroit-il bien m'aimer ?

D

MELINDE.

Pourroit-il s'en deffendre?
Sçait on pas que vos yeux, ont assez de pouuoir,
Pour se faire adorer, si tost qu'ils se font voir?
Et que de vôtre Voix, ioincte à vôtre Quitterre,
Les traits pourroient dōpter tous les Roys de la terre?
Qu'en fin.

CLEONICE.

Tais toy, Melinde, ou ie vay te quitter,
Car c'est presque tout vn, que trahir, & flatter:
Si ta bouche disoit ce que pense ton ame,
Tu blâmerois l'ardeur de ma nouuelle flame.

MELINDE.

Et par quelle raison, vous en peut-on blâmer?
A t'on fait quelque Loy, qui défende d'aimer?

CLEONICE.

Mais, aymer le premier que le Sort nous amene!

MELINDE.

Chacun a son Amant, & le vôtre est Philene:
Mais qu'est-ce qui vous rend l'esprit tant agité?
Ie vous voys regarder d'vn & d'autre costé;
Vous changez à tous coups, de couleur & de place;
Vous paroissez de feu, vous paroissez de glace;

Apeine pouuez, vous m'écouter vn moment,
Et vôtre trouble enfin, m'en donne infiniment.

CLEONICE.

Las! en me promenant dans ce lieu de delices,
Qui n'eft plus rien pour moy, qu'vn Enfer de fupplices;
Et brûlant d'y trouuer cét aymable Vainqueur,
Qui, fans m'ôter la vie, a fçeu m'ôter le cœur,
De quelles paßions ne fuis-ie pas atteinte?
Ie flotte entre l'Efpoir, le Defir, & la Crainte;
En moy l'Impatience allume tous fes feux;
Et ie fais moins de pas, que ie ne fais de vœux,
Pour voir cét Inconnu, qui veut que ie l'oblige,
De confulter l'Echo, fur l'ennuy qui l'afflige.
Mais veut-il que i'en parle à l'Echo de ces lieux,
Plutôt que confulter les hommes & les Dieux?
A quoy tend ce deffein? qu'eft-ce qu'il en efpere?
Confulter vn Echo, n'eft pas chofe ordinaire;
Voudroit-il me charmer? eft-il Magicien?
Quant à moy, ie crains tout, & ie n'efpere rien:
I'obeys, & refifte à ce qu'il me commande,
Et ma perplexité ne peut eftre plus grande.
Si ie fçauois pourtant, qu'il fût tel que ie dis,
Aumoins pour m'en deffendre, en ce beau Paradis,
I'inuocquerois le Ciel, pour me donner des armes:
Mais peut-on refifter aux douceurs de fes charmes?
Ie ne le voudrois pas, quand bien ie le pourrois,

Et ne le pourrois pas, quand bien ie le voudrois.
Ha! mon soupçon est faux, son port, sa bonne mine,
Ses attraits, ses discours, dont la grace est diuine;
Ses Vertus en vn mot, sont les charmes puissans,
Dont il sçait enchanter mon esprit, & mes sens.
Non, ma simplicité n'a iamais eu d'exemple;
Quand il seroit sorcier, auroit-il dans vn Temple,
Ou ie m'étois commise à la garde des Dieux,
Eu pouuoir de charmer mon ame par les yeux?
Mais ma confusion s'augmente d'heure en heure;
Ils ont permis pourtant qu'en leur propre demeure,
Où mon cœur adoroit leur pouuoir immortel,
Philene soit venu me charmer à l'Autel:
Mais, ou quelque nuage enueloppe ma veuë,
Ou ie voy cét Objet, que i'ayme, & qui me tuë,
Le voicy.

MELINDE.

Qu'auez vous?

CLEONICE.

Si tost que ie le voy,
Ie ne sçay quel transport me rauit hors de moy,
Qui me rend interdite, & fait que tout ensemble,
Ie rougis, ie paslis, ie m'asseure, & ie tremble.

MELINDE.

Il n'est pas moins confus, en s'approchant de vous,
Il change de couleur, & chancelle à tous coups.

SCENE II.

MEGATE, CLEONICE,

PHILENE, MELINDE.

MEGATE.

C'Est venir vn peu tard, accomplir sa
promesse.

PHILENE.

Deux puissantes raisons excusent ma paresse;
Pour vous ie trauaillois, & i'étois auec vous.

MELINDE.

Megate, asseurement il se mocque de nous.

MEGATE.

Vous estiez auec moy! c'est chose peu croyable,
L'excuse est obligeante, & non pas veritable:
Nous n'estions pas ensemble, ou i'étois en deux lieux.

PHILENE.

I'étois auecque vous, vous occupiez mes yeux,
Non pas ceux de mon corps, mais ceux de ma pen-
sée,
Qui de suiure vos pas, ne peut-estre laßée.

MEGATE.

Il feint d'estre amoureux, c'est vn causeur de Cour,
Qui se veut faire aimer, & n'auoir point d'amour,
He bien, vôtre Chanson?

PHILENE.

      A la fin ie l'ay faite;
Mais le fascheux métier, que celuy d'vn Poëte;
Et qu'il faut bien auoir l'esprit fait de trauers,
Pour croire que sans peine, on face de beaux Vers!
Il faut pour les polir, donner cent coups de Lime,

Et chercher cent raisons, pour trouuer vne rime.
Ceux-cy m'ont bien cousté, quoy qu'ils vaillent bien
    peu;
Au plus frais de ce bois, i'auois la teste en feu;
Et craignant d'étre veu, mesme au lieu le plus sombre,
A tous coups en réuant, i'auois peur de mon ombre.
Enfin ie les ay faits, pour ces pauures amants,
Dont il faut à l'Echo faire ouyr les tourments;
Pour sçauoir s'il voudra se rendre l'Interprete,
D'vne Prediction, qu'à Naples on m'a faite;
Et si par sa réponce, ils pourront se tirer
Du Dedale, où l'Amour les a fait égarer.

MEGATE.

Il étoit mal-aisé, sur vn sujet semblable,
De faire vne Chanson, qui fust plus agreable;
Mais pour l'air, qui l'a fait?

PHILENE.

                    C'est moy-mesme;

MEGATE.

Il est beau;
Et ie n'y trouue rien, qui ne soit tout nouueau.
Ie ne chante pas bien, mais pourtant ie me picque

De sçauoir quelque chose, en l'art de la Musique.

PHILENE.

Philenè
va à l'E-
cho.

Ie vay marquer la place, où vous deuez chanter.

MEGATE.

Melinde, si mes yeux ne peuuent l'arrester,
Penses-tu que ma voix en puisse estre capable,
Quand bien elle seroit cent fois plus agreable?

MELINDE.

Ie ne m'y cognois point, ou le mesme tourment,
Qui vous fait souspirer, le touche viuement;
Mais sa feinte, peut-estre, est pareille à la vostre;
Il se plaint, comme vous, sous le nom de quelqu'au-
    tre;
Il duppe qui le duppe; & i'ay quelque soupçon,

Philene
touffera
à l'Echo,
pour sça-
uoir s'il
est bon,
& puis il
luy dira
ce qui
s'ensuit.

Qu'il a fait pour vous deux ceste belle Chanson.

PHILENE.

Que ie te parle

ECHO. parle.

O dieux!

O Dieux! qu'il me contente!

MELINDE.

Ie le treuue excellent:

MEGATE.

Ça que i'y chante,

Echo : Chante.

CHANSON.

SI l'objét le plus beau qui respire le iour,
  Brusle pour moy du feu d'Amour;
Malgré tous les conseils de la Discretion,
  Dois-ie suiure sa Passion?

Echo , sa Passion.

MEGATE.

Suiuant sa Passion, tu dis que ie dois viure;
Mais il faut la cognoistre, auant que de la suiure.

PHILENE.

Quel Ange chante dans les Cieux

E

Mieux que cette Beauté, qui fait tant de merueilles,
Son visage a charmé mes yeux;
Et sa voix maintenant, enchante mes oreilles.
Voudrois-je donc bien m'échapper,
D'vn seruage si doux, & si digne d'enuie?
Mesmes cizeaux doiuent coupper,
La chaisne qui m'arreste, & le fil de ma vie.

Second Couplet.

MEGATE.

Si l'Amour en tous lieux veut étre en liber-
   té;
Le tiendray-je en captiuité?
Que dois-je aimer, Echo, prononce cét
   Arrest,
        Et i'aymeray ce qui te plaist:

   Echo. Ce qui te plaist.

MEGATE.

Aimer ce qui me plait! réponce fauorable!
Et qui flatte l'ennuy de mon mal incurable;
Pour la troisiesme fois, voyons ce qu'il dira:
S'il parle encore ainsi, mon cœur l'adorera:

Ie suiuray ses conseils, malgré tous les obstacles,
Et ie l'estimeray le plus grand des Oracles.

Troisiéme Couplet.

Si quelqu'vn veut sçauoir, quel est ce foible
    Esprit,
Qu'en vn moment l'Amour surprit;
Et que deux Passions rangent dessous leur
    Loy ;
        Diuin Echo, dy que c'est toy.

                    Echo. C'est toy.

MEGATE.

C'est moy !

PHILENE.

Non, non, il parle à moy sans doute.

MEGATE.

Il parle à qui luy parle.

PHILENE.

            Il parle à qui l'écoutte.

                        E ij

MEGATE.

Souuent il parle à deux.

Echo : à deux?

MEGATE.

Asseurement,
C'est à vous deux qu'il parle, il le dit clairement :
Mais si veux-ie pourtant, m'en éclaircir encore,
Auec cét Incognu, que i'aime, & que i'adore.
Ne m'apprenez-vous point, comment vous appellez
Ce veritable amy, de qui vous me parlez?

PHILENE.

L'excez de son amour, qui ne fait que de naistre,
Beaucoup mieux que son nom, vous le fera cognoistre.
Mais vous importe-t'il de sçauoir quel il est?

MEGATE.

Mais à me le celer auez-vous interest?
Cognoissons les blessez, pour guerir leurs blessures,
Et sçachons en les noms, comme les auantures.

PHILENE.

Nommez-moy donc aussi ceste ieune Beauté,
Qui se vit dans vn Temple oster la liberté;
A-t'elle autant que vous, de graces, & de charmes?
Et sans cesse à son mal donnerez-vous des larmes?

MEGATE.

Nous partageons ensemble, & douleur, & plaisir:
Nous n'auons qu'vn espoir, nous n'auons qu'vn de-
  sir;
Pareilles toutes deux, d'esprit, & de visage,
Toûjours mesme fortune, elle & moy nous courons,
Toutes deux prez du port, nous auons fait naufrage:
Nous naquismes ensemble, ensemble nous mourons.

PHILENE.

Ainsi ce ieune Amant, est vn autre moy-mesme,
Et son mal-heur me plonge, en vn mal-heur extréme;
Nous partageons ensemble, & douleur, & plaisir:
Nous n'auons qu'vn espoir, nous n'auons qu'vn
  desir,
Et nous sommes pareils d'esprit & de visage:
Toûjours mesme Fortune ensemble nous courons;
Tous deux proches du port, nous auons fait naufrage;

Nous nafquifmes enfemble, enfemble nous mourons.

MEGATE.

Mais dites-moy fon nom, m'ayant dit fon Hiftoire,
Qui me paroift étrange, & que i'ay peine à croire.

PHILENE.

L'Infortuné change a de nom, comme de cœur,
Dés l'heure que l'Amour, ce fuperbe Vainqueur,
Iufqu'aux pieds des Autels, vint troubler fa priere;
Et que luy qui peut tout, fit defcendre des Cieux,
Sous l'habit d'vne Fille, vn Ange de lumiere,
Qui fceut brûler fon ame, en éclairant fes yeux.

MEGATE.

Hé Dieux! que dittes vous? croiray-je à mes oreil-
   les,
Et verra-t'on iamais des rencontres pareilles?
Cette Fille changea de nom, comme de cœur,
Dés l'heure que l'Amour, ce fuperbe Vainqueur,
Iufqu'aux pieds des Autels vint troubler fa priere;
Et que luy, qui peut tout, fit defcendre des Cieux,
Deffous l'habit d'vn homme, vn Ange de lumie-
   re,
Qui fceut brûler fon ame, en éclairant fes yeux.

Mais parlons d'eux encor, auec plus de franchise,
Et disons leurs vrays noms à l'oreille d'Orphise ;
Elle arriue, & sans peur i'ay commis de tout temps,
A sa discretion, mes secrets importans.

PHILENE.

Ie le veux, & ie iuge, en iettant l'œil sur elle,
Qu'elle est également, & prudente, & fidelle.

SCENE III.

ORPHISE, MEGATE, PHILENE, MELINDE.

MEGATE.

Qu'est-ce que dit ma Mere? hé bien, en mour-
rons nous?
Et faudra-t'il brûler au feu de son courrous?

ORPHISE.

Vôtre esprit est troublé d'vne crainte bien vaine :
De vôtre éloignement elle n'est point en peine ;
Et vous pourez encor demeurer librement ,
A iouyr des douceurs d'vn sejour si charmant.

MEGATE.

Quelles graces, bons Dieux, ne te dois-je point rendre,

Des

Des soins que tous les iours pour moy tu daignes pren-
   dre;
Sans toy ie n'aurois pas vne heure de repos,
Et pour nous obliger tu viens tout à propos;
D'vn semblable desir ayant l'ame saisie,
Ce gentil-homme & moy, t'auons seule choisie,
Pour te dire vn secret, que nous tenons si cher,
Qu'à tout autre qu'à toy, nous le voulons cacher.
Tu cognoistras par là quelles sont nos pensées,
Et si vers mesme but, elles sont addreßées.

ORPHISE.

Vous me pouuez parler en toute liberté,
Puis que rien n'est plus grand, que ma Fidelité;
Quel est vostre secret?

PHILENE.

Le mal-heureux Philene
Deßous le nom d'autruy, represente sa peine.

ORPHISE.

En faites-vous autant?

MEGATE.

Tu me vois auiourd'huy:

Philene dit
cecy à demy
haut à l'o-
reille d'Or-
phise; &
sont tous
deux fort
loin de Me-
gate, & de
Melinde.

Orphise
s'approche
de Megate,
qui luy dit
son secret à
l'oreille, de
la mesme
sorte que
Philene luy
a dit le sien.

Representer mon mal, deſſous le nom d'autruy.

ORPHISE.

Ie l'ay bien deuiné.

MEGATE.

Que t'a t'il dit, Orphiſe?

ORPHISE.

Meſme choſe que vous;

MEGATE.

Dieux! que ie ſuis ſurpriſe.

PHILENE.

Dittes-moy ſon ſecret;

ORPHISE.

C'eſt le voſtre.

PHILENE.

Le mien!

La réponse est obscure, & ie n'y comprens rien.

ORPHISE.

Songez à triompher, vous auez la victoire;

PHILENE.

La victoire? hé de quoy?

ORPHISE.

D'vn Cœur, qui faisant gloire
D'auoir tousiours vaincu, sans auoir rien aimé,
Est plus grand que le corps, qui le tient enfermé.

PHILENE.

Et de quel corps encore est ce Cœur inuincible?

ORPHISE.

De celuy de Megate:

PHILENE.

O Dieux! est-il possible?

F iij

ORPHISE.

Elle vous aime;

PHILENE.

Moy!

ORPHISE.

Vous mesme, & dans vn iour,
Vous auez sceu dompter ce qui domptoit l'Amour.

MEGATE.

Vn mot, Orphise.

ORPHISE.

Hé bien.

MEGATE.

Qu'a-t'il tant à te dire?

ORPHISE.

Rien, sinon qu'il languit sous l'amoureux Empire.

.MEGATE.

Hé pour qui?

ORPHISE.

Deuinez.

MEGATE.

Ie ne fçay.

ORPHISE.

C'eſt pour vous ;
Et vous en rougiſſez de honte, ou de courrous.

MEGATE.

Nullement, mais il faut que tu te perſuades,
Qu'en vain on fçait l'Hiſtoire & le nom des malades,
Si l'on ne fçait auſſi quel remede excellent,
Peut arreſter le cours de leur mal violent.
Philene, cherchons donc vne prompte aßiſtance,
Sans que ſur vn ſujet d'vne telle importance,
On nous voye amuſer à parler ſi ſouuent
A l'Echo, qui n'eſt rien qu'vn air frappé du vent ;
Et qui s'enferme au creux d'vne Roche voûtée,

Dont la voix est receuë, & soudain réjettée.
Qu'Orphise vous écoute vne seconde fois,
Sur les diuers moyens, dont nous aurons fait choix,
Pour guerir la douleur, dont vostre ame souspire,
Et que nous n'osons pas, l'vn à l'autre nous dire;
Et pour mieux obliger son esprit si discret,
A nous redire au vray quel est nostre secret;
Sçauez-vous là dessus, ce que ie me propose?
Sur ces arbres si beaux, écriuons quelque chose.

PHILÉNE.

Hé quoy?

MEGATE.

Deux ou trois mots, de ce que vous & moy,
Auons deliberé de commettre à sa foy,

PHILENE.

Ne me commandez point d'écrire sur ces arbres,
Mais bien d'aller briser des Rochers, & des Mar-
*   bres,*
Et forcer des Lyons, à tomber sous mes coûs,
Si vous ne croyez pas que ie puis tout pour vous.

MEGATE.

Ce propos ne fçauroit m'obliger d'auantage,
Mais allons commencer à finir cét ouurage;
Nous difcourons fans cefse, & nous n'auançons rien.

PHILENE.

Mon vouloir eft le vôtre;

MEGATE.

Et le vôtre eft le mien.

MELINDE.

Qu'il eft aisé de voir que ces deux belles ames,
Reffentent viuement les amoureufes flames!

Ils vont
chacun fur
vn arbre.

ORPHISE.

Dieux! que s'étant quittez, ils marchent lentement!
A peine peuuent ils fe laiffer vn moment :
Leurs corps font feparez, mais non pas leurs penfées,
Qui font de mefmes traits mortellement blefsées :
Voyez comme elle & luy, fe conduifent des yeux.

MELINDE.

Ie ne sçaurois iuger lequel aime le mieux.

SCENE IV.

ASPHALTE, ORPHISE, MELINDE.

ORPHISE.

Enez vous diuertir à voir ces deux per-
sonnes,
Qui ne changeroient pas leurs fers à des
Couronnes;
Et qui n'écriuent rien dans l'écorce des bois,
Qui ne soit dans leurs cœurs, mieux écrit mille fois,
Ils tâchent de cacher le feu qu'ils ont dans l'ame;
Mais par leurs actions, il fait luire sa flame:
Voyez, qu'en écriuant ils ont certains transports,
Qui troublant leurs esprits, font frissonner leurs corps.
Amour conduy leur main, ou l'on ne pourra lire,

Ce

Ce que sur ces deux troncs tu les forces d'écrire.

ASPHALTE.

Nous sommes vous & moy de mesme sentiment;
Et ie croy que tous deux s'aiment parfaictement:
Mais ce pauure Amoureux est bien loin de son conte,
Si l'Amour auiourd'huy le Deuoir ne surmonte;
Et rien dans son malheur ne le peut secourir,
Si ce n'est seulement, s'absenter, ou mourir.

ORPHISE.

Ensemble nous plaignons l'ennuy qui les tourmente,
Car vous plaignez l'Amant, & moy ie plains l'A-
    mante.
Les parens l'ont promise au plus beau des humains,
Et la doiuent tantost remettre entre ses mains.

MELINDE.

Mais sans peur du peril, où leurs amours les portent,
Des deux costez du bois en mesme temps ils sortent.

G

SCENE V.

MEGATE, PHILENE.

MEGATE.

Nous voicy de retour, afin de te monstrer,
Si dans mesme secret, on se peut rencon-
trer.
Escoute:

Megate dit
tout bas à
Orphile, ce
qu'elle à é-
crit sur l'ar-
bre.

ORPHISE.

Et vous Philene: ô merueille incroyable!
Vous m'auez dit tous deux vne chose semblable.

Philene luy
dit de la mé-
me sorte, ce
qu'il a écrit
sur l'autre.

PHILENE.

Seroit-il bien possible?

MEGATE.

Allons voir;

PHILENE.

Ie le veux,
Le Ciel seroit-il bien si propice à mes vœux?

ORPHISE.

Si ie ne vous dis vray, i'ay perdu la memoire.

PHILENE.

Qui ne void le miracle, à peine le peut croire.

D écouurir, & cacher son amour; Philene à l'arbre.

Quel miracle plus grand, parut iamais au iour?
Et quels sont les Destins, qui nos ames assemblent?
Comme nos accidens, nos pensers se ressemblent.

MEGATE.

Ouurir, & fermer son cœur; Megate à l'arbre.

A t'il leu dans le mien cét aimable Vainqueur?
De tout point sa pensée à la mienne est pareille;
Et ie voy, sans la croire, vne telle merueille.
Ainsi mesme secret nos deux mains ont écrit.

LA COMEDIE

PHILENE.

Ainsi dans nos deux corps, on n'a mis qu'un esprit,

MEGATE.

Ainsi nous desirons, & parler, & nous taire.

PHILENE.

Ainsi mesme flambeau nous brusle, & nous éclaire.

MEGATE.

Ainsi mesme Nocher, sur les flots nous conduit.

PHILENE.

Ainsi mesme tempeste, en mesme temps nous suit.

MEGATE.

Ainsi nous nous perdons en mesmes auentures.

PHILENE.

Ainsi nous découurons, & cachons nos blessures;

Et tombez par miracle en de mesmes langueurs,
Nous sommes tout ensemble, & vaincus, & vain-
  queurs,
Mais cét Enigme obscur ne se fait pas comprendre ;
Et pour moy, plus i'y resue, & moins ie puis l'entendre.
Découurir tout ensemble, & cacher son amour!
C'est vouloir qu'à mesme heure, il soit & nuit, &
  iour,
Vouloir que l'Asseurance accompagne la Crainte,
Et que la Verité marche auecque la feinte!

MEGATE.

Mais qui pourroit iamais cét Oracle exprimer,
Qui veut ouurir vn cœur, & qui veut le fermer ;
Ie ne sçay pas pour moy, s'il se peut qu'en mesme heure,
On soit libre, & captif, qu'on guerisse, & qu'on meure.

ASPHALTE.

Bons Dieux, auec quel trouble, & quel étonnement,
Se promene à grands pas, ce malheureux Amant!
Comme il se mord les doigts, & se frotte la teste.
Et comme à tous momens à cet Arbre il s'arreste!

ORPHISE.

Nous ne deuons pas moins cette Fille obseruer.

Sans aucun mouuement, vous la voyez réuer,
Et semble que ses yeux, au défaut de sa bouche,
Sur cét Enigme obscur, consultent ceste souche.
Hé bien, ay-ie rien dit contre la Verité?

Phiiene &
Megate sor-
tent du
bois,& Or-
phise leur
parle.

MEGATE.

Tu nous dois pardonner nostre incredulité.

PHILENE.

Découurir son amour, ô merueille adorable?
Est-il commandement qui soit plus agreable?

I'execute vn arrest si dous,
En vous disant que ie vous aime,
Et que i'ay tant d'amour pour vous,
Que ie n'en ay plus pour moy-méme.
　Cacher vn amour le plus beau,
Qui puisse aux cœurs faire la guerre ;
N'est-ce pas cacher vn flambeau,
Qui doit luire à toute la terre?

Nous serions trop ingrats si nous cachions l'Amour,
Qui seul nous a fait voir la lumiere du iour.　(pte,
Ce vainqueur des vainqueurs, est celuy qui me dom-
Ie trouue à l'auoüer, plus d'honneur que de honte;
Vne playe honorable a toûjours des appas;

On trahit son courage, en ne la monstrant pas;
Et ie veux publier, que la mienne est si belle,
Qu'elle est à desirer, quoy qu'elle soit mortelle.

MEGATE.

Ouurir en mesme temps, son cœur, & le fermer,
Le Ciel m'en est témoin, sans iamais rien aymer:
De tant d'obiets si beaux, dont la Cour est feconde,
I'ay fermé iusqu'icy, mon cœur à tout le monde;
Mais puis que sans l'ouurir, ie n'ay pû conceuoir,
Mon Amour si parfait, qu'il se doit faire voir;
N'est-ce pas la raison, qu'au moins i'ouure la bouche,
Pour le dire, & monstrer à quel point il me touche.

Ouy, Philene, ie me resous
A confesser que ie vous aime;
Et que i'ay tant d'amour pour vous,
Que ie n'en ay plus pour moy-méme.

PHILENE.

Quel excéz de bon-heur m'arriue en vn moment,
Pour me combler de gloire, & de contentement;
Et me faire éprouuer, que pour vne Maistresse,
On peut mourir de ioye, ainsi que de tristesse.

MEGATE.

Dispofez de mon cœur, Philene, il eft à vous,
Et ie l'ouure à vous feul, quand ie le ferme à tous.

PHILENE.

Le beau feu dont l'Amour rend noftre ame allumée,
Plus que les autres feux, eft remply de fumée;
Et nous étoufferoit peut-eftre en vn moment,
Faute de luy donner, vn peu d'air feulement.

MEGATE.

Il a fceu tout à coup me forcer à me rendre;
Il a fondu ma glace, il me reduit en cendre;
Et me faut aduoüer qu'vn plus digne flambeau,
Ne conduira iamais vne Amante au tombeau.

PHILENE.

Eft-il vray que l'Amour, qui fait affez conneftre
Qu'en moy, pour me tuer vos beaux yeux l'ont fait
naiftre,
Vueille que nous portions mefmes fers fous fa loy;
Et fi ie meurs pour vous, que vous mourriez pour
moy?

Ie

Ie ne merite pas la moindre de vos larmes:
Ie suis vne conqueste indigne de vos armes;
Et la mort me doit estre vn iuste chastiment,
D'auoir osé sur vous, ietter l'œil seulement.

MEGATE.

Ne blasmez point celuy dont ie fais tant d'estime,
Mais que mon cœur pourtant ne peut aimer sans
   crime,
Puis que i'ay des parens, qui veulent auiourd'huy,
Par vn Hymen forcé, me separer de luy.
Il faut donc, pour chasser loing de nous cét orage,
Changeant leur volonté, rompre ce mariage,
Autrement.

PHILENE.

Ha! ce mot suffit pour me tuer;

MEGATE.

Dés le soir leur dessein se doit effectuer.

PHILENE.

Vous deuez employer le Ciel & la Nature,

H

Pour détourner le cours d'vne telle aduanture.
Pour moy, chere Beauté, quoy qu'il puiſſe aduenir,
Ie vous promets la Foy, ie vous la veux tenir;
Et pluſtoſt qu'acheuer mon funeſte Hymenée,
De cent coups de poignard, finir ma deſtinée.
Doncques, mon cher amy, qui prends part aux dou-
    leurs,
Qui vont noyer ma vie au torrent de mes pleurs;
Si tu veux empeſcher qu'auiourd'huy, ie ne meure,
Va, comme ie t'ay dit, où mon Pere demeure;
Et ſoit par tes diſcours, dont ſes ſens ſont rauis,
Où ſoit par tes raiſons, où ſoit par tes ad-
    uis;.
Par amys, par faueur, de force, ou d'artifice,
Fay tant, que ce deſſein iamis ne s'accompliſſe,

ASPHALTE.

I'en viens.

PHILENE.

Hé qu'as-tu fait?

ASPHALTE.

                      Rien.

PHILENE.

> O comble d'ennuy!

ASPHALTE.

Ne Déseſperez point, il n'eſtoit pas chez luy,
I'y retourne:

PHILENE.

> Va donc, & par quelque artifice,
Fais tant, que ce deſſein iamais ne s'accompliſſe.

ASPHALTE.

Mais,

PHILENE.

Ne replicque point, ie ne ſçay que trop bien,
Que pour me ſecourir, tu n'épargneras rien.

ASPHALTE.

I'y vay donc.

MEGATE.

Chere Orphise helas! si ton enuie
Est de vouloir aussi me conseruer la vie,
Epuise ton esprit, promets luy des presens;
Achepte le secours de quelques médisans;
Et brisant, s'il se peut, la chaisne qu'on m'a faite,
Fay tant, que cét Hymen se rompe, ou se remette.

ORPHISE.

Pour gaigner vôtre mere, il n'est inuention,
Dont ie n'vse, en faueur de vostre affection:
Mais rendez plus serain l'air de vostre visage,
Car si de nos desseins elle a le moindre ombrage,
Tout est perdu, Megate, il faudra, malgré vous,
Que cét homme incognu, soit tantost vostre éspous.

MEGATE.

Pour suiure tes conseils, sage, & prudente Orphise,
Ie me vaincray moy-mesme, en si iuste entreprise.

PHILENE.

Moy, ie suiuray mon pere, ou si ie vay chez luy,

Ie sçauray, le voyant, déguiser mon ennuy.
Cependant, permettez que ie vous iure encore,
Par ce Dieu tout-puissant, que dans vos yeux i'adore;
Qu'Espoir, Crainte, Parens, Menace, Affliction,
Ne pourront iamais rien sur mon affection.

MEGATE.

Ma bouche estant muette, en si grande tristesse,
Mes pleurs & mes souspirs, vous font mesme pro-
    messe.

ACTE III.

SCENE I.

ARBAZE.

'Est doncques dans ces lieux qu'A-
glante se promene,
Asphalte me l'a dit, ie n'en suis plus en
peine;
Mais i'ay mal penetré le sens de ses
discours,
Ou ce ieune Insolent a fait d'autres amours.
Aglante pris ailleurs, reiette Cleonice,
Le choix que i'en ay fait, luy tient lieu de supplice;
Vn autre obiect le charme, il me craint, il me fuit,
Et se laisse emporter au feu qui le seduit:
Mais i'en sçay le remede, vne ieune Voisine,
Admirable en adresse, & belle autant que fine;
Que son pere en mourant, laissa dessous ma loy,

Dans ces beaux promenoirs se doit rendre apres moy.
Ses yeux vont faire essay de leur plus douce force,
A luy ietter du change vne insensible amorce;
Solliciter ses vœux, & partager son cœur,
Auecque les attraits de ce premier Vainqueur;
Entre deux passions son ame balancée,
Ne suiura plus ainsi son ardeur insensée;
Et la raison alors reprenant son pouuoir,
Le rangera peut-estre aux termes du déuoir.
Rends inutile, Aglante, vn si long artifice;
Ne me resiste point, Vien voir ta Cleonice :
Tout est prest chez sa Mere, & l'on n'attend que toy,
Pour luy donner ta main, & receuoir sa foy.
Songe auec quel amour, auec quelle tendresse,
De tes plus ieunes ans, i'eleuay la foiblesse.
Verray-ie tant de soins, payez par vn mépris,
Et ta rebellion en deuenir le prix?
Souffre que la Raison soit enfin la plus forte;
Tâche de meriter l'amour que ie te porte.
Mais le voicy qui vient, son visage estonné
M'est vn signe bien clair d'vn esprit mutiné;
Et ie n'apprends que trop d'vne telle surprise,
Qu'vne ardeur aueuglée engage sa franchise.

SCENE II.

ARBAZE, AGLANTE.

ARBAZE.

Glante, quel dessein vous fait ainsi ca-
cher?
Prenez-vous du plaisir à vous faire
chercher?
D'où venez-vous enfin?

AGLANTE.

De ce proche Hermitage.

ARBAZE.

Et qui vous y menoit?

AGLANTE.

Ce fatal Mariage.
Prest d'en subir le ioug, sur la foy de vos yeux,
                                        I'ay

I'ay v̄oulu conſulter ces truchemens des Dieux;
I'ay voulu m'informer de l'apreſt neceſſaire,
A finir dignement vne ſi grande affaire;
Me reſoudre auec eux de la difficulté ,
Qui me tient, malgré moy, l'eſprit inquieté;
Et ſouſleuant mes ſens , contre voſtre puiſſance,
Meſle vn peu d'amertume à monobeiſſance;
Promettre à Cleonice vn amour eternel,
Sous la ſaincte rigueur d'vn ſerment ſolemnel;
Auant que de la voir, auant que de cogneſtre
Si ſes attraits auront dequoy la faire naiſtre:
Certes quoy qu'il m'en vienne, & de biens & d'hon-
   neur,
C'eſt bien mettre au hazard, mon repos, & mon heur.

ARBAZE.

Quel aduis ſur ce point vous donnent vos Hermites?

AGLANTE.

Vn d'eux tout chargé, d'ans, & comblé de merites;
(Pleuſt aux Dieux, qu'auec moy, vous l'euſſiez enten-
   du)
Sans doute à ſes raiſons vous vous ſeriez rendu,
Mon enfant m'a t'il dit, en l'eſtat où vous eſtes,
Ne precipitez rien, voyez ce que vous faictes:
L'Hymen n'eſt pas vn neud, qui ſe rompe en vn iour,

C'eſt vn lien ſacré, mais vn lien d'amour;
Et qu'eſt-ce que l'Amour, qu'vne ſecrette flame,
Qui penetre les ſens, pour entrer dans vne ame?
Nos ſens ouurent la porte à ce Maiſtre des Dieux,
Et cét aueugle Enfant a beſoin de nos yeux.
D'ailleurs, où prenez-vous l'indiſcrette aſſeurance,
D'approcher ſes Autels, auec irreuerence?
Sans qu'aucune eſtincelle ait pû vous enflam-
    mer,
Sans ſçauoir ſeulement, ſi vous pourrez aymer?
Faire de voſtre Foy les Dieux depoſitaires,
Eſt-ce auoir du reſpect pour leurs ſacrés miſteres?
Et n'eſt-ce pas aſſez, pour attirer ſur vous
L'implacable rigueur de leur iuſte courrous?

ARBAZE.

Enfin vous en croyez ce venerable Pere.

AGLANTE.

Ie reſpecte les Dieux, & ie crains leur colere.

ARBAZE.

O l'excellent pretexte! & qu'il eſt merueilleux!
Au retour d'Italie eſtre encor ſcrupuleux!

Les Dieux, s'ils n'estoient bons, puniroient cesté
    feinte:
C'est ne les craindre pas, qu'abuser de leur crainte:
Offrez leur seulement, auec vn peu d'encens,
Vne ame pure & nette, & des vœux innocens;
Et ne presumez pas, qu'aucun d'eux s'interesse,
Par quels yeux vn Amant choisisse vne Maistresse.
Ceux d'vn autre vous-mesme, employez à ce choix,
Dé vôtre vieil Réueur ne faussent point les loix.
Les vôtres, & les miens, ne font que mesme chose;
Que sur mon amitié vôtre esprit se repose.
Vous sçauez que mon cœur, est à vous tout entier,
Que ie vous tiens pour fils, & pour seul heritier;
Que pour vous asseurer d'vn amour plus sincere,
Ie quitte le nom d'Oncle, & prends celuy de Pere;
Qu'en vos prosperitez, i'arreste mes desirs,
Qu'à vos contentemens i'attache mes plaisirs;
Et que mon sort du vostre estant inseparable,
Ie ne puis estre heureux, & vous voir miserable.
Puis que de vos mal-heurs ie sentirois les cous,
Craignez-vous que ie face vn mauuais choix pour
    vous?
Celle à qui ma prudence auiourd'huy vous engage,
Rangeroit sous ses loix, l'homme le plus sauuage:
Sa beauté rauissante, & son esprit charmant,
Malgré vous, dés l'abord vous feront son Amant:
Elle est sage, elle est riche:

                                    I ij

AGLANTE.

Elle eſt ineſtimable;

Mais donnez-moy loiſir de la trouuer aimable:
Vn regard y ſuffit, & rien ne fait aimer,
Qu'vn certain mouuement, qu'on ne peut expri-
    mer.
Vn prompt ſaiſiſſement, vne atteinte impourueuë,
Qui nous bleſſe le cœur, en nous frappant la veuë.
Le coup en vient du Ciel, qui verſe en nos eſprits
Les principes ſecrets de prendre, & d'eſtre pris:
Tel obiet perce vn cœur, qui ne touche pas l'autre;
Et mon œil void peut-eſtre autrement que le voſtre.
Encor ſi mon mal-heur vous pouuoit rendre heu-
    reux,
Ie courrois au deuant de mon ſort rigoureux:
Mais puis que mon Deſtin, du voſtre inſeparable,
Vous feroit mal-heureux, ſi i'eſtois miſerable;
Pour vous rendre content, ſouffrez que ie le ſois,
Et que mes yeux au moins examinent le choix.

ARBAZE.

Penſez à l'accepter, ſans me faire pareſtre,
Que quand ie ſuis content, vous auez peine à l'e-
    ſtre;
Tandis entretenez ceſte ieune Beauté;

C'est vn soing, que luy doit voftre ciuilité:
Nous fommes fes voifins;

SCENE III·

ARBAZE, FLORINE,

AGLANTE,

FLORINE.

Voy, Monfieur, ma prefence
De l'Oncle, & du Neueu, trouble la conference?

ARBAZE, en s'en allant.

Auant que de vous voir, i'eftois fur le départ,
Et vous n'aimez pas tant l'entretien d'vn Vieillard.
Ie croy que mon adieu vous plaira d'auantage,
Puis qu'il vous abandonne, vn Galland de vôtre âge.

FLORINE.

Il a toûjours le mot: & fous fes cheueux gris,
Sa belle humeur fait honte aux plus ieunes efprits,

AGLANTE.

Son bon-heur à mon gré passe bien l'ordinaire,
Puis que tout vieux qu'il est, il a de quoy vous plaire.

FLORINE.

A qui ne plairoit pas vn Vieillard si discret?
Ie ne puis le celer, ie n'en vois qu'à regret:
I'ayme bien leur adieu, mais non pas leur presence:
Luy, qui s'en doute assez, me fuit par complaisance:
Et m'auoir en partant laissé vostre entretien,
C'est vn nouueau suiect de luy vouloir du bien.

AGLANTE.

Son adieu va produire vn effect tout contraire:
I'ay l'esprit tout confus, pour ne vous pas déplaire:
Et le pesant chagrin, qui m'accable auiourd'huy,
Vous donnera suiet de vous plaindre de luy;
Dans le secret desordre, où mon ame est reduitte,
Mon humeur est sans grace, et mes propos sans suitte;
Ie ne suis bon enfin, qu'à vous importuner.

FLORINE.

Bien moins que vôtre esprit ne veut s'imaginer,

Mon naturel est vain, ie me flate moy-mesme:
Quand on m'entretiët mal, ie presume qu'on m'aime.
Ie croy voir aussi-tost, vn effect de mes yeux,
Et l'on me plairoit moins, de m'entretenir mieux:
Vn discours ajusté, ne sent point l'ame atteinte,
Plus il a de conduitte, & plus il a de feinte:
Le desordre sied bien à celuy d'vn Amant,
Quelque confus qu'il soit, il parle clairement;
Or moy qui ne suis pas de ces caprieuses,
Qui donnent à l'Amour des loix iniurieuses:
En mettent le haut poinct à se taire, & souffrir,
Et s'offencent des vœux qu'on ose leur offrir;
Ie vous estimerois enuieux de ma gloire,
Si vaincu par mes yeux, vous cachiez ma victoire.

Orphise &
Cleonice
sortent, &
escoutent
leurs dis-
cours.

Parlez donc hardiment, du feu que vous sentez,
Ne soyez point honteux des fers que vous portez.
Si tost qu'on est blessé, i'aime à voir qu'on se rende,
Et mon cœur pour le moins vaut bien qu'on le demäde.
Ie ne suis pas d'humeur à vous laisser perir;
Mais, sans sçauoir vos maux, les pourray-ie guerir?
Le silence en Amour est vn lâche remede,
Taschant à vous aider, meritez qu'on vous ayde:
Laissez à vôtre bouche expliquer les discours,
Que vos yeux languissans me font de vos amours.

SCENE IV.

AGLANTE, CLEONICE, ORPHISE, FLORINE.

CLEONICE.

Rphife, entendez-vous ceſte ieúne éuentée?

ORPHISE.

Ne craigneʒ rien, ma ſœur, elle s'eſt mécontée,
Attaque qui voudra le cœur de voſtre Amant:
Ce n'eſt pas vn butin qu'on enleue aiſement;
Oyeʒ le repartir à ceſte effronterie.

FLORINE.

Quoy? Monſieur, vous voila dedans la réuerie?
Vous conſulteʒ encor, & vôtre bouche a peur,
De confirmer vn don, que me fait voſtre cœur?

Aglante.

AGLANTE.

Il feroit trop heureux d'vn fi digne feruage,
S'il pouuoit eftre à vous, fans deuenir volage:
Vn autre obiet poffede & mes Vœux, & ma Foy;
Ne me demandez point, ce qui n'eft plus à moy:
Quand mefme ie pourrois difpofer de mon ame,
Pourriez vous accepter vne fi prompte flame?
Pourriez-vous faire état d'vn cœur fi-toft en feu?
Prife-t'on vn captif, quand il coufte fi peu?
L'ennemy qui combat, fignale fa defaite,
Et couronne bien mieux le Guerrier qui l'a faicte;
Mais celuy qui fe rend, perd beaucoup de fon prix,
Et fait fi peu d'honneur, qu'il reçoit du mépris:
Vous triompheriez mieux, fi i'ofois me defendre;
La Gloire eft à forcer, & non pas à furprendre.

ORPHISE, à Cleonice.

Apres cette réponce, elle doit bien rougir.

FLORINE.

Ie fçay comme mes yeux ont couftume d'agir,
Si vous eftes honteux d'vne flame fi prompte,

K

Il faut que mon exemple emporte cette honte.
Il eſt vray, ie vous ayme autant que vous m'aimez,
Vn moment a nos cœurs l'vn à l'autre enflammez;
Soyez vain comme moy, de ma flame naiſſante:
Plus vn effeEt eſt prompt, plus ſa cauſe eſt puiſ-
    ſante.

AGLANTE, apperceuant Cleonice, & allant à elle.

Il ne faut pas que Cleonice paroiſſe ſur le Theatre, en ſorte qu'elle puiſſe eſtre co-gneuë de Florine: elle doit eſtre cachée à demi der-riere vn ar-bre, cou-urant ſa fa-ce de ſon mouchoir.

Voicy mon cher amour, adorable Beauté;

FLORINE, l'interrompant.

Cherchez-vous vn Azile à voſtre liberté?
Vrayement vous choiſiſſez vn fort mauuais re-
    fuge;
Vous courez vers Orphiſe, & ie la prends pour
    iuge.
Faictes moy la raiſon d'vn voleur de mon bien;
Qu'il me rende mon cœur, ou me donne le ſien.

AGLANTE.

Contez-luy vos raiſons, ie vous laiſſe auec
    elle.

FLORINE.

Quoy? vous continuez à faire le rebelle?

AGLANTE.

Dérobons nous, mon ame, à l'importunité,
Dont nous menace encor son babil affetté,

CLEONICE.

Mon amour est rauy d'vne telle retraitte.

SCENE V.

ORPHISE, FLORINE.

ORPHISE.

Omment vous trouuez-vous d'auoir fait
    la coquette?
Vous auez tant de grace à souffrir vn re-
    fus,
Que personne apres vous, ne s'en meslera plus.
Les Filles donc ainsi perdent la retenuë?
Et depuis-quand la mode en est-elle venuë?
Vous vous offrez vous-mesme ; ah ! i'en rougis pour
    vous.

FLORINE.

Mille s'offrent à moy, que ie dedaigne tous.
Si ie fuis tant d'Amans, dont ie suis recherchée,
I'en puis rechercher vn, quand mon ame est touchée:
Vn peu d'amour sied bien, apres tant de mespris.

ORPHISE.

Vn cœur se deffend mal, quand il est si tost pris;
Et pour dire en vn mot, tout ce que ie soupçonne;
Qui peut en prier vn, n'en refuse personne.

FLORINE.

Orphise, quelle humeur est la vostre auiourd'huy,
Que par vos sentimens, vous iugez ceux d'autruy?

ORPHISE.

On vous cognoist assez, & vous estes de celles,
Que mille fois le plastre a fait passer pour belles;
Dont la vertu consiste en de vains ornemens;
Qui changent tous les iours de rabats, & d'A-
mans:
Leurs inclinations ne tendent qu'à la bourse;
C'est là de leurs desirs & le but & la source:
Voyez les dans vn Temple, importuner les Dieux,
Les prieres en main, la modestie aux yeux:
Il n'est traict de pudeur, qu'elles ne contrefassen;
Et Dieu sçait comme alors les Duppes s'embarras-
sent.
Elles sçauent souuent ietter mille hameçons,
Et se rendre au besoin en diuerses façons:

Apres tout ie vous plains; ce courage farouche
Ne vous est échappé, qu'à faute d'vne mouche,
Encor en assassin, vous luy perciez le cœur;
Le fard déplaist sans doute à ce fascheux vainqueur,
Et rend vostre beauté tellement éclattante,
Que son esprit bizarre en a pris l'épouuante.

FLORINE.

Ie ne cognus iamais ce que vous m'imputez,
Et ne veux point répondre à tant de faussetez:
Ma vie est innocente; & ma beauté naïfue
Ne doit qu'à ses attraits les cœurs qu'elle captiue.
Si i'ay quelques deffauts, ils ne sont point cachés,
Sous le fard éclatant, que vous me reprochez;
Et quand bien le reproche en seroit legitime,
Orphise d'vn nom d'Art feriez vous vn grand crime?
Iamais vne Beauté ne se doit negliger;
Quand la Nature manque, il la faut corriger;
Est-ce honte d'aller par ces Metamorphoses
A la perfection, où tendent toutes choses?
La Raison, la Nature, & l'Art en font leur but;
L'Amour, Roy de nos Cœurs, veut ces soins pour tri-
   but,
Et tient pour bon suiect vn esprit qui n'aspire,
Qu'à trouuer les moyens d'aggrandir son Empire.
C'est gloire de mourir pour ce Maistre des Dieux,

Qui s'est priué pour vous de l'vsage des yeux.
Si pour luy se défaire est vn vray Sacrifice,
Se refaire pour luy, le nommez-vous vn vice?
Ce qu'on fait pour luy plaire, osez-vous le blâ-
    mer?
Orphise, quand on aime, il se faut faire aymer,
L'Amour seul, de l'Amour est le prix veritable,
Et pour se faire aimer, il faut se faire aymable.
Ceste Belle, en effect, de qui l'on parle tant,
Tient du secours de l'Art ce qu'elle a d'éclatant,
Cependant sa beauté, pour estre déguisée,
A t'elle moins d'Amants? est-elle moins prisée?

ORPHISE.

Celle qu'en ses discours vous venez d'attaquer,
Quand-elle l'aura sçeu, pourra vous repliquer:
Pour moy, sans interests, dedans ceste mélée,
Ie vay chercher Megate, au bout de ceste allée.

FLORINE, seule.

Arbaze, c'est pour toy que i'en ay tant souffert,
Pour toy i'ay feint d'aymer, & mon cœur s'est of-
    fert:
Pour t'auoir obey, l'on m'a persecutée;
Aglante ne me prend que pour vne affetée,

Et consommé d'vn feu contraire à son déuoir,
Neglige égallement ma feinte, & ton pouuoir.
Orphise cependant, sans penetrer mon ame,
Iuge par mes discours, de l'objet de ma flame;
Simple, qui ne sçait pas, que mon esprit discret,
Rarement à ma bouche expose vn tel secret;
Que iamais mon ardeur n'est aisément connuë,
Et que plus i'ay d'amour, plus i'ay de retenuë.
Aux Filles c'est Vertu de bien dissimuler:
Plus nos cœurs sont blessez, moins il en faut parler:
Si i'ose toutesfois me le dire à moy-mesme,
A trauers ces rameaux i'apperçoy ce que i'ayme:
C'est mon Asphalte, ô Dieux! il vient, dissimulons,
Et ne découurons rien du feu dont nous brûlons.

SCENE VI.

ASPHALTE, FLORINE.

ASPHALTE.

Rouuer Florine feule, & dans les Tuille-
    ries,
Sans auoir d'entretien que de fes refue-
    ries?
Quoy? tant de folitude, aupres de tant d'appas,
Certes c'eft vn bon-heur que ie n'attendois pas.
Ie n'ofois efperer d'occafion fi belle,
A luy conter l'ardeur, qui me brule pour elle.

FLORINE.

Que vôtre efprit eft rare! & fçait adrette-
    ment
Faire vne raillerie, auec vn compliment;
Affin qu'à voftre amour ie fois plus obligee:

L

Vous me traittez d'abord en fille negligée,
Qui tient si peu de cœurs asseruis sous sa loy,
Que mesmes en ces lieux elle manque d'employ.
Est-ce ainsi qu'vn Amant caiolle ce qu'il ayme?

ASPHALTE.

Ah! ne m'imputez pas cét indigne blaspheme;
Ie sçay trop que vos yeux regnent en toutes parts,
Et que chacun se rend à leurs moindres regards.

FLORINE.

Exceptez-en Aglante, il m'a bien fait parestre,
Que Florine n'est pas ce qu'elle pensoit estre.

ASPHALTE.

Il est vray qu'il adore vn autre Obiet que vous,
Et vostre esprit peut-estre en est vn peu ialous:
Mais si vous auiez veu l'excez de sa tristesse,
Et combien de soûpirs luy couste sa Maistresse,
Vous seriez la premiere à plaindre ses mal-heurs.

FLORINE.

Quelque orgueilleux mépris fait naître ses douleurs.

ASPHALTE.

La Beauté dont Aglante idolatre les charmes,
D'vn deluge de pleurs, accompagne ses larmes;
Arbaze, vnique autheur de tous leurs desplaisirs,
Oppose sa puissance à leurs chastes desirs:
Son esprit irrité court à la violence;
La priere l'aigrit, & la Raison l'offence:
Il vient, la force en main, & l'ayant veu partir,
I'ay creu de mon deuoir, de les en aduertir.
Les voyla tout en pleurs.

Il faut tou-
siours re-
marquer
que Cleoni-
ce ne doit
paroistre le
visage é-
couuert de-
uant Flori-
ne.

FLORINE.

Euitons leur presence:
Mes larmes ne sçauroient couler par complaisance:
Mon humeur est trop gaye, & pour ne rien celer,
I'ayme mieux rire ailleurs, que de les consoler.

SCENE VII·

CLEONICE, AGLANTE.

CLEONICE.

M On Philene, as-tu donc vn Pere ſi barbare,
Qu'il vueille ſeparer vne amitié ſi rare?

AGLANTE.

Vous l'auez entendu; ce Vieillard inhumain,
Pour en rompre les nœuds, vient la force à la
main,
Et dés le ſoir me liure à cette autre Maiſtreſſe,
Reſolu que ma Foy, dégage ſa promeſſe.

CLEONICE.

Ah dure Tyrannie! ah rigoureux Deſtin!

Donc vn si triste soir suit vn si beau matin,
Le mesme iour propice, & contraire à nos flames,
Va desunir deux corps, dont il vnit les ames,
Fait nos biens & nos maux, & du matin au soir,
Voit naître nos desirs, & mourir nôtre espoir.

AGLANTE.

L'Amour, ce doux Vainqueur, ce pere des delices,
Ainsi n'a pour nous deux, que de cruels supplices,
Et ce Tyran fait naistre, aux dépens de nos pleurs,
D'vn moment de plaisirs, vn siecle de douleurs.

CLEONICE.

Helas ! que de tourments accompagnent ses char-
mes !
Et qu'vn peu de douceur nous va couster de larmes !
Il me faut donc te perdre, & dans le mesme lieu,
Où i'ay receu ton cœur, receuoir ton Adieu !
Sanglots, qui de la voix me fermiez le passage,
Iusques à cét adieu permettez-m'en l'vsage,
Et lors que le Soleil ayant finy son tour,
Les flambeaux d'Hymenée esteindront ceux d'A-
mour,
Estouffez, i'y consents, cét Obiect déplorable,
Dés plus aspres rigueurs d'vn sort impitoyable.
Philene, ainsi ma mort dégagera ta foy,

Ton cœur pourra brûler pour vn autre que moy:
Tu pourras obeyr, sans me faire d'iniure :
I'ayme sans inconstance, & change sans pariure.

AGLANTE.

Vn Pere veut forcer vn cœur à vous trahir,
Et vous croyez ce cœur capable d'obeyr ?
Ah que vous iugez mal d'vne amitié si forte !
Si nôtre espoir est mort, ma flame n'est pas mor-
te:
La naissance n'a point d'assez puissantes loix ;
Pour me faire manquer à ce que ie vous dois:
Receuez de nouueau la foy que ie vous donne,
D'estre à iamais à vous, ou de n'estre à personne.

CLEONICE.

Helas ! en quel estat le malheur nous reduit !
Faut-il d'vn tel amour n'esperer point de fruit !

AGLANTE.

Aymons nous , & souffrons; aymé de ce qu'on
ayme,
On trouue des plaisirs dans la souffrance mesme.

CLEONICE.

Aymons nous, & souffrons, deux cœurs si bien d'ac-
   cord,
Trouueroient des plaisirs dans les coups de la Mort.

AGLANTE.

Resolus à mourir, qu'auons nous plus à craindre?

CLEONICE.

Mourant auec plaisir, qu'auons nous plus à plaindre?

AGLANTE.

Plaignons nous, mais du Ciel, qui fait que le trépas,
Au plus beau de nôtre âge, a pour nous tant d'appas.

CLEONICE.

N'accuse point le Ciel de ce que fait son Pere.

AGLANTE.

Mon ame c'est delà que part nôtre misere;

C'eſt luy qui nous trauerſe; & les Dieux ſont ja-
     lous,
Qu'en leur Temple mes vœux ne s'addreſſoient qu'à
     vous,
Au pied de leurs Autels, i'adorois leur image;
Eſtoit-ce donc vous rendre vn trop leger hommage?
O Dieux! d'vn feu ſi pur faites-vous vn forfait?
Vous pouuois-ie adorer en vn plus beau portraict?
Que voſtre ialouſie, ou voſtre haine éclatte,
Iuſques dans le tombeau i'adoreray Megate;
Inuentez des tourments à me priuer du iour,
Ma Vie eſt en vos mains, mais non pas mon A-
     mour.

CLEONICE.

N'irrite point les Dieux, & retien ces blaſphemes;
Je te iure, mon Cœur, les Puiſſances ſuprémes,
Dont la ſeule bonté nous pourra ſecourir,
Que ſi tu n'es à moy, ie ſçauray bien mourir.

AGLANTE.

Parmy tant de mal-heurs, quel bon-heur eſt le nô-
     tre,
Puis qu'en dépit du Sort, nous viuons l'vn en l'autre!
Et s'il nous faut mourir, nous finirons ainſi.

                                    Cleonice.

CLEONICE.

Adieu, ma chere vie, éloigne toy d'icy,
Fuy ce fatal Hymen, qu'vn Pere te prepare.

AGLANTE.

Ouy, ie vay vous quitter, de peur qu'il nous se-
  pare;
Mais auec vn serment, que malgré son effort,
Nous aurons pour nous ioindre, ou l'Hymen, ou la
  Mort.

M

ACTE IV.
SCENE I.

ARBAZE, fuiuy de deux Braues.

QVELLE fatalité changeant l'efprit d'A-
　　glante,
Renuerfe nos deffeins, & trompe nôtre at-
　　tente:
Il s'aprochoit d'Hymen, qui luy tendoit les bras,
Et ce Capricieux s'arrefte au dernier pas.
Il fembloit fouhaitter cette vnion facrée,
Il brûloit d'étre au Temple, & demeure à l'entrée:
Il promet, il s'engage, il veut precipiter,
Et deuient froid & lent, au poinct d'executer:
Chacun de vœux communs benit cette iournée,
Ses parens affemblés preffent cét Hymenée:
Il goufte moins fon bien, quand châcun le reffent;
Il eft feul neceffaire, & feul il eft abfent.
Beaux lieux, plaifãt feiour, ombres, arbres, fontaine,

Découurez nous Aglante, épargnés nôtre peine;
Et pour prix de ce bien, puissent tousiours vos bois
Estre les promenoirs les plus beaux de nos Roys.
Vous, secondez ma peine, & que vôtre assistance,
S'il ne me suit de gré, force sa resistance.
Par force, ou par amour, tirons le de ces lieux;
Quelle ombre, quels détours le cachent à nos yeux?

Vn des Braues.

Moderés seulement vn ennuy si sensible;
Nous le rencontrerons, s'il est encor visible;
Et lors la violence, au deffaut de l'Amour,
Vous le rendra chez-vous, deuant la fin du iour.

ARBAZE.

Ne vois-ie pas Nerice? ô Dieux! par quel langage,
Luy puis-ie déguiser ce que dit mon visage?
Venez-vous en ce lieu partager mes douleurs?
Et daignez-vous méler vos soûpirs à mes pleurs?

SCENE II.

NERICE, ARBAZE.

NERICE.

A seule peine helas! est assez violente:
Ie cherche Cleonice,

ARBAZE.

Et moy ie cherche Aglante.

NERICE.

Ma presence l'afflige,

ARBAZE.

Et la mienne luy nuit.

NERICE.

Elle craint ma rencontre,

ARBAZE.

Et le cruel me fuit.
Quand ie perds vn Neueu, vous perdés vne Fille,
Et nous perdons tous deux l'heur de nôtre Famille.

NERICE.

Ainſi donc l'vn & l'autre eſt contraire à nos vœux!
Ie crains ce qui vous plaiſt, elle ce que ie veux:
Ie doute quel ſuiet les poꝛte à nous déplaire;
Mais i'en forme vn ſoupçon, que ie ne vous puis
  taire;
Ie ſçay que de tout temps par mes affections,
Cleonice a reglé ſes inclinations;
Et que mon amitié luy fut touſiours ſi chere,
Que les vœux de la Fille eſtoient ceux de la Mere:
Mais alors que l'Amour ſurprend vn jeune
  Cœur,
De quelle paſſion ce Dieu n'eſt-il vainqueur?
Quel reſpect de Parens retient ſa violence!
Et iuſque à quel excez ne va ſon inſolence?

Ne viole t'il pas, pour suiure ses desseins,
Toutes diuines loix, & tous respects humains?
C'est le iuste respect, où ma ma crainte se fonde;
Car pouuant disposer des cœurs de tout le monde,
Peut-estre qu'il dispose absolument aussi
De ceux de nos enfans, qu'il a surpris icy.

ARBAZE.

Asphalte que ie voy, me tirera de peine;
Hé bien, resoudras-tu ma creance incertaine?

SCENE III.

ASPHALTE, ARBAZE, NERICE.

ASPHALTE échauffé.

Ons Dieux, que i'ay couru! i'ay fait cent fois
le tour,
Du bois du Labirinthe, & des lieux d'alen-
tour:

ARBAZE.

Enfin, quelle nouuelle apportes-tu d'Aglante?

ASPHALTE.

Que voſtre peine ceſſe , ou pluſtoſt qu'elle aug-
    mente:
Ie l'ay trouué penſif, & les larmes aux yeux ,
Auec mille ſoûpirs, qu'il iettoit vers les Cieux;
Si confus , ſi charmé d'vn Obiet qu'il adore,
Que ie l'entretenois, ſans qu'il me vid encore
Dieux! Aglante , ay-ie dit, quel eſt ce changement?
L'Amour eſt-il autheur de ce dereglement?
Lors ſurpris, & forçant ſa triſte réuerie;
Aſphalte (ma t'il dit) laiſſe moy, ie te prie;
Ne viens point à mon mal oppoſer tes aduis;
Il eſt doux à mon cœur, mes ſens en ſont rauis.
Contre vn ſi cher tourment, toute Prudence eſt vaine,
Et guerir mon amour, exciteroit ma haine.
O Dieux! ay-ie adiouſté, quel ſi charmant ſuiet,
D'vne ſi prompte ardeur eſt la cauſe & l'objet?
Vn miracle d'Amour, ou plûtoſt l'Amour meſme,
M'a reduit (diſoit-il) à ce tranſport extréme:
I'ay veu ſous cét ombrage, & ſenty ſes appas,
Adieu, ne m'enquiers plus, ie ne la connois pas.
Là i'ay ſans l'épargner, condamné ce caprice,
Si contraire à l'Amour , qu'il doit à Cleonice;
Et de tout mon pouuoir ie l'ay ſollicité,

A respecter le ioug de voftre authorité.
Mais chez luy mon confeil eft paffé pour ou-
trage,
Et ie l'ay veu, brûlant de dépit, & de rage,
D'vn pas precipité fe perdre dans le bois,
Où l'Echo feulement répondoit à ma voix.

ARBAZE.

O fuccés mal-heureux ! & conforme à ma
crainte!
A quel fort, à quel Dieu s'addreffera ma plainte?

SCENE IV.

ARBAZE, NERICE, ASPHALTE, ORPHISE.

ORPHISE, & Nerice.

Nfin i'ay tout appris, ie l'ay treuuée.

NERICE.

Et bien;
Quel sujet la retient, ne me déguise rien.

ORPHISE.

Le diray-ie en vn mot? cette rare constance,
Ces Vertus, ces Respects, & cette resistance,
Par qui de tant d'assauts son cœur fut triomphant,
L'abandonnent enfin au pouuoir d'vn Enfant.
L'Amour fait vanité d'vne Illustre Victoire,
Dans les dificultez ie trouue plus de gloire;

N

Et tel qui se munit d'vne étroite Vertu,
Est le plus en danger, & le plus combatu.
Se faire des rampars, c'est luy donner des armes,
C'est d'vn œil orgueilleux, qu'il estime les larmes,
C'est d'vn superbe Cœur qu'il aime les soûpirs;
L'arrogance en vn mot excite ses desirs.
Cleonice à ses coups a la fin s'est renduë;
Sa force & sa froideur l'ont en vain defenduë;
Et ce cœur si constant, si grand, si genereux,
Est vn humble sujet de l'Empire amoureux.

NERICE.

O triste & prompt effet d'vn soupçon legitime,
Combien cet accident va tacher son estime!
Sçais tu de quel Objet elle aime les appas?

ORPHISE.

Elle mesme l'ignore, & ne le connoit pas.
Cét amour par les yeux s'est glissée en son ame,
Et ce iour seulement a veu naistre sa flamme.
O Dieux! qu'ay-ie entendu quand elle à sceu par moy,
Qu'Aglante absolument doit posseder sa foy,
Et que vous desirez qu'elle luy soit donnée,
Auant que le Soleil finisse la journée!
O mort (a-t'elle dit) que tarde ton secours?
Viens finir de mes ans le pitoyable cours.

O ſeuere contrainte ! ô rigueur inhumaine !
Quoy ! ma Mere & l'Amour tous deux cauſes ma
    peine !
L'vn & l'autre à ſon gré veut gouuerner mes vœux ?
Là ſe frappant le ſoin, & rompant ſes cheueux,
D'vne courſe legere; elle s'eſt retirée,
Et dans le fonds du bois enfin s'eſt égarée.

NERICE.

O Ciel ! qu'elle miſere égale mes ennuis ?
Quel conſeil dois-je ſuiure, en l'état où ie ſuis ?

ARBAZE.

Détournons par des vœux ce mal-heur ſans exemple;
C'eſt le meilleur remede, allons nous-en au Temple,
Tandis qu'à les chercher, & calmer leurs tranſports;
Ces genereux amis emploiront leurs efforts.

NERICE.

Nous ferez vous encor cette faueur extréme?

ASPHALTE.

N'épargnez point nos ſoins.

ORPHISE.

Allons de ce pas mesme.

SCENE V.

CLEONICE en Iardiniere d'vn côté du Theatre, suiuie de Ianot Iardinier.

AGLANTE de l'autre, suiui du Gardeur des Lions. Ils sont surpris l'vn & l'autre à cette rencontre.

AGLANTE.

Velle est cette Beauté ? que vois-ie ? ô
  Ciel ! ô Dieux !
Veillay-ie, ou si ie dors ? dois-je croire
  mes yeux ?
Ie voy le port, la taille, & le teint de
  Megate;
Tel son œil que i'adore, à mes regards éclatte;
Tel est son front de Lys, tels sont ses beaux cheueux,

Et tels ses doux attraits, objets de tous mes vœux,
C'est ce rare abregé des graces de Nature;
Mais quels sont ses habits? quelle est cette auanture?
Beaux charmes de mes yeux, quel est ce changement?
Tirez moy de soucy, par vn mot seulement.
Quelle extréme tristesse, ou quel respect friuole,
A cette belle bouche interdit la parole?
Par vn mesme accident, auez vous dans ce bois,
Changé vos vestemens, & perdu vôtre voix?

IANOT Iardinier.

De sensibles ennuis la forcent de se taire;
Mais ne l'enquerez plus, ie vous vay satisfaire.

CLEONICE.

Si tu veux m'obliger, tay ce signe imparfait,
De mon affection, puïsqu'il na point d'effet.

AGLANTE.

Souffrez cét entretien, agreable merueille,
Qui me parlant de vous, charmera mon oreille.

IANOT continuë.

Dressant des Espaliers, proche du quarré d'eau,

(A quoy nôtre meſtier oblige au renouueau)
Le bruit de la fontaine en vn moment émeüe,
Par la cheute d'vn corps, m'a fait tourner la veuë,
I'y ſuis couru ſoudain, mais i'ay veu ſeulement,
Vn cercle deſſus l'eau d'vn moindre ſe formant,
Du ſecond vn plus grand, du tiers cent autres naiſtre,
Et tous reduits en vn à la fin diſparoiſtre.
Ie doutois quel fardeau ſur ce moite Element,
Auoit cauſé ce bruit, & fait ce mouuement,
Alors qu'vne Beauté veſtuë à l'auantage.

AGLANTE.

O d'vne extréme Amour, extréme témoignage!

IANOT.

A fait briller ſur l'eau mille charmes diuers,
Que ce criſtal mouuant a bien toſt recouuers.
Il l'a mille fois priſe, & mille fois renduë:
Mes yeux la recouuroient, apres l'auoir perduë;
Et la compaſſion (au hazard d'y perir)
En m'y iettant enfin, me la fait ſecourir.
Ie l'ay conduitte au bord, auec beaucoup de peine:
Mais i'ay veu fort long-temps mon aſſiſtance vai-
ne,
Et i'ay veu que ſon corps, pâle, froid, & perclus,

Sembloit eftre fans vie, & ne refpiroit plus.
Au bruit que ie faifois, ma Femme eft accourüe;
Et tous deux à l'enuy, nous l'auons fecourüe.
Nous auons au logis, fentant battre fon cœur,
Rétably prés du feu, fa premiere vigueur.
Lors voulant m'enquerir du mal-heur de fa cheute,
Que ce mal-heur (dit-elle) à moy feule s'impute,
Dans ce froid Element ie cherchois mon tombeau,
Mais i'auois trop de feu, pour le trouuer dans
    l'eau.
L'Amour, qui me poffede auec tant de puiffance,
N'a pas voulu mourir, au lieu de fa naiffance.
I'ay trop peu réfenty la rigueur de fes loix,
Et ie dois viure encor, pour mourir mille fois,
Ne pouuant poffeder le feul Objet que i'ayme,
Ie m'étois refoluë à me perdre moy-mefme.

AGLANTE.

O glorieux Aglante!

IANOT.

                 Enfin heureufement
Ma Femme à fous fa main trouué ce veftement,
Deftiné pour ma fille, en la proche iournée,
Qui va ranger fes iours fous fa loy d'Hymenée,

AGLANTE.

Et lâche ie furuis, apres cette action!

Le gardeur des Lions.

Dieux! quel effect d'Amour, & quelle paſſion!
Les yeux teſmoignent mal les mouuemens de l'A-
me,
Ou tous deux ſont attains d'vne commune flame.

AGLANTE.

Auouez, puis qu'enfin le temps le fera voir,
Que c'eſt-là le ſuiet de vôtre déſeſpoir,

AGLANTE.

A qui n'eſpere rien, il ſuffit qu'il endure:
Plus ie tais ſa douleur, & moins ſa peine eſt dure.

Le gardeur des Lions, au Iardinier.

I'ignore leurs tourmens, le Ciel leur ſoit plus
dous;
Mais vn ſecret myſtere eſt caché là deſſous.
Ce mal-heureux Amant, porté de meſme enuie,

A

A semblable danger abandonnoit sa vie.
Mais vn plus grand miracle a conserué ses iours,
Dont si prodiguement il exposoit le cours.

CLEONICE.

S'il ne t'est ennuyeux, appren moy cette Histoire.

Le gardeur des Lions.

Certes, elle est étrange, & plus qu'on ne peut croire.
S'étant enquis chez nous, s'il luy seroit permis,
De voir ces Animaux, en ma garde commis;
Et moy l'ayant conduit dedans la Gallerie;
Fay moy voir (m'a-t'il dit) les Lions ie te prie;
Lors croyant contenter sa curiosité,
I'ay veu qu'au milieu d'eux il s'est precipité.

CLEONICE.

Mes sens à ce discours conseruent leur vsage.

Le gardeur des Lions.

Dieux, me suis-ie écrié, quel transport! quelle rage!
Mais cét étonnement s'est veu bien tost suiuy,
D'vn effect merueilleux, & dont ie suis rauy.

O

Bien que ces Animaux, fi cruels de nature,
N'euſſent pris de ce iour aucune nourriture,
Ie les ay veu, forçans leur brutal mouuement,
Careſſer à l'enuy ce glorieux Amant.
Il veut contre ſoy-meſme exciter leur courage:
Il tâche à les aigrir, mais pas vn ne l'outrage;
Ils perdent leur inſtinct, quand il ſuit ſon ennuy,
Il eſt plus Lion qu'eux, eux plus Hommes que
    luy.

CLEONICE.

O iuſte ſoing des Dieux!

Le gardeur des Lions.

Voyant cette auanture,
I'ay dans leur chambre enfin décendu leur pâture:
Ils rentrent, & d'abord s'y iettent affamez;
Et moy i'ay pris mon temps, & les ay renfermez:
Apres i'ay retiré de ce danger extréme
Ce beau deſeſperé, ſi cruel a ſoy-méme.
I'ay veu qu'vne manie alteroit ſes eſpris:
Mais Dieux, qu'en l'abordant ie me ſuis veu ſur-
    pris!
Il eſt ſorty poſé, la veuë & l'ame ſaine;
Et dans ſon propre mal, i'eſtois le plus en peine:

CLEONICE.

O Ciel!

AGLANTE.

N'acheue point cét importun propos;

CLEONICE.

Prolonge-le plûtôt :

Le gardeur des Lions.

Ie l'acheue en deux mots.
L'ayant interrogé deſſus ſon infortune;
Ie veux perdre (a t'il dit) vne vie importune,
Moins pour me deliurer des cruautés du ſort,
Qui m'obligent aſſez à deſirer la mort;
Qu'afin que mon mal-heur n'empéche pas de vi-
ure
Vne Beauté que i'ayme, & qu'on me verroit ſuiure,
Si ſes yeux que i'adore, auoient perdu le iour.

CLEONICE.

Peut-on ne mourir pas?

O ij

IANOT.

O rare effect d'Amour!

Le gardeur des Lions, parlant à Aglante,
& à Cleonice.

A bien confiderer quelle eft vôtre Fortune,
Ie croy non feulement qu'elle vous eft commune,
Mais que c'eft de vous feuls que naift vôtre tour-
    ment,
Et que chacun de vous le caufe également.
Tel eft mon fentiment;

IANOT.

        Et c'eft ce que ie penfe;
Si pour nous ce fecret n'eft de trop d'importance,
En faueur du fecours que l'on vous a rendu,
Ne nous déguifez rien;

AGLANTE.

        Ie n'ay pas entendu.
Que voulés-vous fçauoir?

IANOT.

Si vous & cette Belle,
N'auez pas l'vn pour l'autre vne ardeur mutuelle,
Et n'esperans plus rien, qui vous pût secourir,
N'aués pas l'vn pour l'autre aussi voulu mourir

AGLANTE.

Pour ne pas l'aduoüer, i'en reçoy trop de gloire;

CLEONICE.

Et c'est me faire tort, que de ne le pas croire.

IANOT.

Pourquoy dessous les loix d'vn Hymen bien-heu-
reux,
Ne consommez-vous pas vos desirs amoureux?
Peut-on sans vous hayr, ou sans estre Barbare,
Empécher les effets d'vne amitié si rare?

CLEONICE.

Outre les droits d'Amour, vne autre authorité

Veut difpofer encor de noftre liberté.
Celle de nos parens s'oppofe à nôtre enuïe;
Et qui nous a donné, nous veut ôter la vie.

✻✻✻✻✻✻✻✻✻✻✻✻✻✻✻✻✻✻

SCENE VI·

ASPHALTE, ORPHISE, AGLANTE, CLEONICE, Le gardeur des Lions.

ASPHALTE.

Rphife, ie les voy: Mais Dieux! quel chan-
gement!
Et qui porte Megate à ce déguifement?

ORPHISE.

Reconnoy maintenant ,fi ma croyance eft vaine;
C'eft d'eux qu'on nous parloit, n'en foyõs plus en peine.

ASPHALTE.

Quel bruit en vn moment s'eft icy répandu?
Quel eft cét accident? l'auez vous entendu?

Vne ieune Beauté, qui s'eſt deſeſperée,
Du quarré d' Eau (dit-on) vient d'étre retirée;
Et de meſme fureur vn homme tranſporté,
Au milieu des Lions, s'étoit precipité.
Seriez vous bien l'objet d'vn ſort ſi déplorable ?

CLEONICE.

Ie ſuis la malheureuſe;

AGLANTE.

Et moy le miſerable.

Mon eſprit accablé ſous des ennuis preſſans,
Ayant à la fureur abandonné mês ſens,
Il ne m'eſt plus reſté qu'vne ombre de mémoire,
Qui m'a fait ſouuenir de ceſte vieille hiſtoire;
Qu'vn Amant furieux, & mal-traité d'Amour,
A ſa Dame inſenſible ayant oſté le iour,
Condamné qu'il étoit par Arreſt legitime
Aux Tygres, aux Lions, pour péine de ſon crime;
A ces fiers Animaux fut à peine expoſé,
Qu'en cent morceaux diuers ſon corps fut diuiſé.
Il paſſa comme vn Ombre à leur bouïllante rage,
Et l'on peut dire à peine auoir veu ce carnage.
Moy, par qui cét objet, pourueu de tant d'appas,
Endure des tourmens, pire que le trépas,
A ce reſſouuenir, i'ay veu qu'auec iuſtice,

Ie pouuois m'ordonner vn semblable supplice.
Mais ces fiers Animaux, ô dure cruauté!
Pour m'estre plus cruels, ne me l'ont point esté :
Les Dieux n'ont empesché, qu'ils m'ayent fait ou-
trage,
Que pour me reseruer à souffrir d'auantage.
Les Lions de mon corps refusent le repas,
Et ne me sont cruels, que pour ne l'estre pas.

CLEONICE.

Si les Dieux ont permis qu'ils ayent osté la vie
A celuy qui l'auoit à sa Dame rauie,
Les ont-ils pas aussi iustement desarmez,
Quand vous voüliez mourir, pource que vous m'ai-
mez ?
En ces deux actions leur iustice est pareille,
Et ce que vous croyez vne rare merueille,
N'est qu'vn effect d'amour, qui fait plaindre nos
maux
Et reuerer ses loix aux plus fiers Animaux.
Le feu que les Lyons creignent de leur nature,
Pouuoit bien vous seruir en pareille aduanture
Et détourner de vous leur rage, & leur fureur,
Puis qu'vn feu si pressant vous consomme le cœur.

AGLANTE.

Dieux! encor à present mon ame est égarée,

Au

Au penser du peril dont on vous a tirée;
Et ie ne puis songer qu'auec confusion,
Que vous l'ayez tenté, pour mon occasion:
Ma raison toutefois reprenant son usage,
S'il peut-estre vn peu calme en vn si grand orage,
Ie voy que ce beau corps ne pouuoit s'outrager,
Qu'au plus fort du danger, il estoit sans danger,
Puis qu'étant aussi pur, qu'étoient ceux des Vestales,
Au feu qu'elles gardoient ses flames sont égales.
Le feu de vôtre amour étant si precieux,
Est, pour ne durer pas, trop estimé des Dieux.
Au reste si le feu, qu'on nomme Elementaire,
Sans alteration peut conseruer sa Sphere,
La iustice des Dieux auroit permis à tort,
Que par l'Eau Cleonice eust souffert quelque ef-
    fort;
Puis que son cœur est plain d'vne flame aussi pure,
Que le feu le peut estre au lieu de sa nature;
Et que jamais encore on n'a veu de mortels,
Plains d'vne ardeur si sainte, approcher des Autels.
Si le pouuoir des Dieux, les autheurs de son estre,
Ne la fist immortelle, elle est digne de l'étre.

ORPHISE.

O merueille incroyable! ô rare affection,
Qui ioint l'étonnement à la compassion!

P

Vne ſi belle amour ne peut plus eſtre vaine,
Le plaiſir doit enfin ſucceder à la peine,
Vos parens cederont aux loix de nôtre ſort,
Il faut ſur leurs eſprits faire vn dernier effort;
Agrées ſeulement, que céſte compagnie
Leur témoigne auec moy vôtre peine infinie,
Et qu'ils ſçachent par nous, cét aueugle tranſport,
Qui vous auoit liurés au pouuoir de la mort.
Si par nôtre rapport, vne amitié ſi rare,
Ne les peut émouuoir, l'vn & l'autre eſt Barbare:
Mais quel penſer, Aſphalte, occupe tes eſprits?

ASPHALTE, en ſur-ſaut.

O Dieux! ie réuois bien, & vous m'auez ſurpris.

Il parle à Aglante, & à Cleonice.

Ces violens tranſports, dont vôtre ame eſt preſſée,
Et ces grands accidens occupoient ma penſée;
Mais outre vos malheurs, vn qui m'eſt ſuruenu,
M'a durant vos diſcours, long-temps entretenu;
Apprenez en deux mots, auant que ie vous quitte,
Ce mal-heur qui m'eſtonne, & ſur quoy ie medite.
Tantoſt vn mal ſi grand, & ſi prompt m'a preſſé,
Que preſque en vn inſtant mes forces m'ont laiſſé;
Vne glace en mon corps s'eſt par tout eſtenduë,

Mon ſang s'eſt retiré, ma couleur s'eſt perduë,
Et i'ay veu que la Mort m'alloit fermer les yeux,
Et qu'vn mal ſi ſoudain eſtoit contagieux.
Ie ne reſpirois plus , quand au beſoin Florine,
Par vn contre-poiſon d'vne vertu diuine,
Qu'en ce lieu par hazard elle auoit apporté,
A diſſipé mon mal, & m'a reſſuſcité.
Ainſi ſa charité m'a conſerué la vie,
Mais en me la ſauuant, elle me l'a rauie,
Puis que ie meurs d'amour, pour cét objet charmant,
Et conſerue le iour, pour l'aimer ſeulement.

AGLANTE.

Ton merite eſt extréme, & ton choix legitime.

ASPHALTE.

Mes déuoirs prouueront à quel point ie l'eſtime:
Mais il eſt déja tard, allons le ſecourir,

AGLANTE.

Allés, faites nous viure, ou faites nous mourir.

ACTE V.
SCENE I.

ARBAZE, ASPHALTE,
TOINET,
ARBAZE.

Et étrange acident que vous me ra-
    contez,
Eftonne mes efprits, & les tient en-
    chantez;
Mais connêtrons nous point cefte Beau-
    té charmante,
Qui donne tant de peine à mon volage Aglante,
Et qui troublant fes fens par vne aueugle erreur,
Le porte a tel excez de rage, & de fureur?

TOINET.

On l'apelle Megate.

ASPHALTE.

> *Elle est grande, elle est blonde,*
> *Belle, & modeste, autant qu'autre qui soit au monde,*
> *Touche bien la Quiterre, & sçait chanter aussi ;*
> *Sans nommer Cleonice, on la designe ainsi.*

ARBAZE.

Peut-estre que Nerice en sçaura dauantage,
Vn mesme étonnement paroit sur son visage.

SCENE II·

NERICE, ARBAZE, IANOT,

TOINET, ASPHALTE.

NERICE.

A Dmirez, l'accident , qui nous est sur-
uenu ,
Par l'amour que ma Fille a pour vn In-
connu ,
Qui se nomme Filene.

ARBAZE.

                    O quelle étrange Histoire!
Comme ce Iardinier le designe , il faut croire,
Qu' Aglante asseurement, pour nous abuser tous,
A ce nom emprunté.

NERICE.

                    Ie le croy comme vous;

Et par ce que cét homme icy me vient d'aprendre,
Ie iuge, que troublez, faute de nous entendre,
Vne inutile peur trauaille nos esprits;
Ie iurerois qu'Aglante est seulement épris,
De celle qui vous doit la beauté de son étre,
Et que nos deux Amans s'aiment, sans se connétre.

NERICE.

Pour en auoir le cœur tout a fait éclaircy,
Prions ces bonnes gens de les conduire icy;
Et nous verrons bien tost, si nôtre attente est vaine,

IANOT.

Allons.

TOINET.

Dans vn moment vous serez hors de peine.

ARBAZE.

Ce pendant cachons nous derriere ces buissons,
Peut-estre verrons nous l'effet de nos soupçons.

NERICE

O que si le Destin, à nos dessains propice,

En ce lieu nous montroit *Aglante*, & *Cleonice*,
Exprimants deuant nous leurs transports amou-
reux;
Arbaze, en verité nous serions trop heureux.

ARBAZE.

Ie croy que le hazard déia nous les presente;
Ils les ont rencontrez, ie reconnois *Aglante*.

NERICE.

Arbaze, ie connois ma *Cleonice* aussi;
En ce rustique habit, qui la déguise ainsi,
I'ay peine à la connoistre, il faut que ie l'appelle;
Non, pour m'éclaircir mieux, ie m'approcheray d'elle.

Scene

SCENE III.

AGLANTE, CLEONICE, NERICE.

AGLANTE.

Chef d'œuure accomply de Nature, & d'A-
mour,
Quand finiront mes maux? quand ver-
ray-ie le iour,
Que ma fidelle ardeur aura sa recompense?

CLEONICE.

Fuy mon ame, ie voy ma Mere qui s'auance;
Mais si Megate enfin ne te peut secourir,
Comme elle sçait aimer, croy quelle sçait mourir.

NERICE.

Ma Fille, qu'est cecy? quelle auanture étrange,
Sous ce rustique habit, te déguise, & te change?

2

CLEONICE.

Vous le ſçauez, Madame, & ſi i'en rends raiſon,
Ie ſçay que mon diſcours ſera hors de ſaiſon.
Vous auez tout appris de la bouche d'Orphiſe,
Excuſez en ma faute, vn Dieu qui l'autoriſe,
Et qui laiſſant errer mon ame à l'abandon,
Vient par ma bouche enfin vous demander pardon.
I'ay manqué de reſpect, ie confeſſe Madame,
Quoy qu'vn feu tout diuin ait embraſé mon ame,
Et que le iuſte Ciel m'ait choiſi mon Eſpous,
Que ce chois eſt mal fait, puis qu'il eſt fait ſans
* vous!*
Mais las! ſi i'ay failly, i'en ay fait penitence,
I'ay voulu par ma mort expier mon offence;
Apres auoir détruit vôtre contentement,
Ie n'ay pas voulu viure vne heure ſeulement.
I'atteſte le Soleil, qui malgré moy m'éclaire
Que c'eſt auec regret, que i'oſe vous déplaire.
Mais penſant au ſujet qui me conduit icy,
Ie ne deſire pas vous pouuoir plaire auſſi.
C'eſt du coſté d'Amour qu'à la fin ie me range,
Aimant bien mieux mourir, que me reſoudre au
* change.*

NERICE

Ne parlez pas ainſi, ma Fille, ie ne veux
Ny ne deſire rien, que d'accomplir vos vœux.
Cét obiet agreable, où vôtre ame s'incline,
Eſt l'époux que le Ciel par mon choix vous deſtine.

CLEONICE.

Las! ne me raillés point en l'état ou ie ſuis,
Pleignez, plûtôt mon cœur, outré de mille ennuis.

NERICE.

Mais vous, pleignez plûtôt vôtre erreur amoureuſe;

CLEONICE.

Pour vn ſi grand ſuccés, ie ſuis trop mal-heureuſe,
Ma Mere, au nom d'Amour, donti adore les lois,
Dites ſi mon Philene eſt mien par vôtre chois,
Si ie l'oſe eſperer, ſi ie m'y dois attendre.

NERICE.

Ma fille il eſt à vous.

CLEONICE.

Ie ne le puis comprendre,
Eclairciſſez, ma Mere, vn diſcours ſi charmant;
Et ſi ſous vn feint nom Aglante eſt mon Amant,
Dites quel eſt le mot, qui nos vœux authoriſe,
Et que nous auons pris enſemble pour Deuiſe;
Que nous nommons tous deux la clef de nos ſecrets,
Et que nous ne fions qu'à ceux qui ſont diſcrets.

NERICE.

Sans porter ton eſprit à des choſes friuoles,
Ma Fille, tu dois croire à mes ſimples paroles.

CLEONICE.

Connoiſſant qui ie ſuis, & ce que ie vous doy,
Ie ſçay qu'à vos diſcours ie doy donner la foy;
Mais ſans ce mot, ma Mere, il ne m'eſt pas poſſible,
Du ſecret de nos cœurs c'eſt la marque infallible;
Et ſi l'Amour manquoit, luy meſme en ce ſeul point,
M'annonçant mon ſalut, ie ne le croirois point.

ASPHALTE.

Ie ſçay ce qu'elle veut,

ARBAZE.

Dy le moy ie te prie.

ASPHALTE.

C'eſt aimer, & mourir, contentez ſon enuie.

ARBAZE, ſe monſtrant.

Si ces mots ſont ſi forts, qu'ils te puiſſent guerir,
Ie ne les tairay plus, c'eſt aimer, & mourir.

CLEONICE.

O Dieux! qu'ay-ie entendu? quelle voix nompareille,
Vient de fraper mon cœur, en frapant mon oreille?

NERICE.

Ma Fille, on t'a dit vray, ie te iure ma foy,
Que Philene eſt Aglante.

CLEONICE.

A ce coup ie le croy.

NERICE.

Puis qu'vn meilleur Deſtin t'oblige de le ſuiure,
Quitte aimèr, & mourir, prens poſſeder, & viure.

CLEONICE.

La preuue eſt infaillible, helas! c'eſt bien aſſez;
Ie meurs d'aiſe & d'amour, mes vœux ſont exaucez.
Iuſte Dieu des Amans, ie te doy ma victoire,
Ie m'abandonne toute à tes chaſtes plaiſirs;
Et ne puis plus douter de l'heur & de la gloire,
    Dont tu couronnes mes deſirs.

Maisque dis-ie? l'Objét dont mon cœur eſt char-
    mé,
Ne me laiſſe pas voir, qu'ayant trop toſt aimé,
Du iuſte choix du Ciel, i'ay tenu peu de conte;
Et pour ſuiure la loy d'vn iniuſte deſir,
Où ie déurois mourir de regret, & de honte,
    Ie dy que ie meurs de plaiſir.

Aglante, cher Eſpoux, que diras-tu de moy,

Qui t'étois deſtinée, ₰ t'ay manqué de foy?
Par l'amour que Philene en mon ame a fait nai-
ſtre,
Nôtre aimer ₰ mourir eſt digne de mon ſort;
Car pour t'auoir aimé, deuant que te conneſtre,
     Il faut me reſoudre à la mort.

              ❦

Ie me trouue inconſtante, en n'aimant rien que
     to y;
Ie te ſuis infidelle, en te gardant la foy:
Ie ne cours point au change, ₰ ſi ie ſuis vo-
    lage;
Ie m'accuſe, ₰ ie ſuis coupable ſeulement,
D'auoir mal aſſemblé le nom, ₰ le viſage.
     De mon cher ₰ parfait Amant.

              ❦

Mais ce Roy de mon cœur ne m'excuſera
     pas,
I'ay trop legerement adoré ſes appas,
Le voila qui paroiſt, Dieu! que i'en ſuis eſmeüe!
Il me va reprocher mes volages humeurs;
Ie ne puis ſoûtenir les foudres de ſa veüe,
     Ie me pâme, helas! ie me meurs.

NERICE.

Ma Fille, d'où te vient cét étrange caprice?
Elle se pâme, ô Dieux!

ARBAZE.

Vien sauuer Cleonice,
Vien sauuer ta Maistresse, Aglante, la voicy.

AGLANTE.

Ce nom me touche peu, fuyons plutôt d'icy.

Scene

SCENE IV.

Icy tous les Acteurs accourent à
l'euanouïffement de Cleonice.

ARBAZE.

Ien viste.

AGLANTE.

Helàs! mon feu tire son origine.
D'vne bien plus illustre, & plus belle racine.

MELINDE.

Megate est Cleonice, & ce nom qu'elle a pris,
Ce matin dans le Temple, a trompé tes esprits.
Megate est vn Chasteau d'vne maison illustre,
Que son pere Cleon, pour se donner du lustre,
S'étant dans les partis, fait riche en peu de
  iours,
Acquit auant sa mort.

R

NERICE.

Mes amis, au secours.

MELINDE.

Et quand ie m'en souuiens, pour contenter Nerice,
Du nom de cét acquest, ie nomme Cleonice:
Ainsi l'ay-ie nommée au matin par hazard,
Lors que i'ay veu venir vn homme de ta part.

AGLANTE.

Bon Dieu! quel changement!

ARBAZE.

Ne croy pas qu'on te flatte,
Non, non, n'en doute plus, Cleonice est Megate.

AGLANTE.

Filene est donc Aglante, & le sera toûjours;

ARBAZE.

L'estat où tu la vois demande vn prompt secours:

Approche, & tu ſçauras qu'elle ne s'eſt pâmée,
Que du regret qu'elle a d'auoir eſté charmée,
De toy, ſans te connêtre.

AGLANTE.

O triſte éuénement !
Donc, ô rare Beauté, que i'aime vniquement,
La peur d'auoir failly dans ton amour extréme,
Contre moy, t'aura fait defaillir à toy-meſme!
Et chacun me ſçaura l'Autheur de ton trépas;
I'auray cauſé ta faute, & ie n'en mourray pas?
Puiſque l'autheur d'vn mal, tout ſeul eſt puniſ-
ſable,
Pourquoy le receuant, t'eſtimes tu coupable ?
Et pourquoy, t'accuſant, cruelle, offences-tu,
Et la meſme Innocence, & la meſme Vertu?
I'ay failly comme toy, car ie t'ay fait parêtre,
Mon zele & mon ardeur, auant que te connêtre.
I'ay ſouffert que Megate occupaſt mes eſpris,
Qu'elle me fit auoir ton beau nom à mépris;
Et dans l'aueugle erreur de mon Amour extréme,
I'ay hay Cleonice, à cauſe d'elle-meſme.
Mais ma pleinte en ce point ſeroit hors de ſaiſon;
Reprenant tes eſprits, repren donc ta raiſon;
Entends la triſte voix d'Aglante qui t'adore,
Secourons la Madame, elle reſpire encore.

R ij

NERICE

Ma Fille.

MELINDE.

Ma Maitreſſe.

AGLANTE.

O chef-d'œûure des Cieux!
Diuine Cleonice, helas! ouure les yeux;
Montre ces clairs Soleils , & me voy par mes plein-
tes,
Rendre vn dernier deuoir à tes Reliques ſaintes:
Regarde moy, mon ame, & dans mes yeux connoy,
La paſſion que i'ay de mourir auec toy,
Ne t'en va pas ſitoſt, attens que ie te ſuiue,
Ouſi tu vis encor, ordonne que ie viue.

CLEONICE.

Eſt-ce toy, mon Aglante, helas! il faut mourir.

AGLANTE.

Cruelle à quel deſſain?

NERICE.

Laisse toy secourir,
Banny de toy les maux, dont le Ciel te deliure,
Pense, au lieu de mourir, à posseder, & viure.

AGLANTE.

Ouy, belle, & chere Cleonice,
Possede ce cœur amoureux,
Qui t'adore sans artifice,
Et viuons à jamais heureux.

CLEONICE.

Posseder, & qui? mon Aglante;
Celuy dont ie fuiois l'abord,
Et qu'en ma haine violente,
Ie redoutois plus que la mort.

Il faut que
Cleonice
soit releuée
de terre peu
à peu en di-
sant ces
vers.

AGLANTE.

Celuy plutôt que tu fais viure,
Auec plaisir dessous tes lois;
Et que mesme lon t'a veu suiure,
Au moment que tu le fuiois.

CLEONICE.

Celuy qui n'est deuenu nôtre,
Que par vn hazard seulement;
Puisqu'il est est certain qu'en m'aimant,
Il croyoit en aimer vne autre.

AGLANTE.

Celuy que pour ta seule foy,
Le Ciel a tellement fait naistre,
Qu'auant mesme que te connestre,
Il te connût, pour estre à toy.

CLEONICE.

Celuy dont mon ame est rauie,
Et que le caprice du Sort,
Quand ie l'aimois plus que ma vie,
M'a fait hair plus que la Mort.

AGLANTE.

Celuy que pleine de constance,
Tu ne pouuois iamais trahir;
Puis que c'est ta méconnoissance,
Qui seule te l'a fait hair.

CLEONICE.

Celuy qui témoin de ma honte,
Me croit volage, & sans pudeur;
Puis qu'il me reconnut trop prompte,
A luy témoigner mon ardeur.

AGLANTE.

Celuy qui te croit admirable,
En constance, comme en beauté;
Puis que ton ame tousiours stable,
N'a point changé de volonté.

AGLANTE.

Celuy qui m'a veu de ma Mere.
Contrarier les volontés;
Et qui dans cette humeur legere,
Condamnera mes libertés.

CLEONICE.

Celuy qui voit que de Nerice
Tu secondes la volonté;
Et qui ne peut, sans iniustice,
T'accuser de legereté.

CLEONICE.

Celuy qui me croit dereglée,
Dedans mon amoureux transport;
M'ayant d'vne course aueuglée,
Veu precipiter à la mort.

AGLANTE.

Celuy qui benit ton courage;
Car sans ce dessein glorieux,
Tu violois auec outrage
Vn amour ordonné des Cieux.

Cleonice, croy moy, tu n'as plus rien à craindre
Et tu cherches en vain des suiets de te pleindre,
N'ayant rien entrepris auiourd'huy dans ces lieux,
Qui ne fust resolu par vn decret des Dieux.
Nous suiuons nos Destins, & l'humaine pru-
dence
Ne sçauroit éuiter leur fatale ordonnance,
Qui de nos volontez dispose absolument.

NERICE.

Tu gesnes en effet ton esprit vainement.

Donc

CLEONICE.

Donc ie n'ay point failly?

NERICE.

Non, n'en crains aucun blâme.

CLEONICE.

Le crois-tu, cher Amant?

AGLANTE.

Si ie le croy, mon ame?
Peux-tu douter encor? Ah! si tu veux nourrir,
Cette erreur plus long temps, tu me feras mourir.

CLEONICE.

Donc ie puis contenter en ce bon-heur extréme,
Tout ensemble les Dieux, mes parens, & moy-mesme,
O douceur infinie!

AGLANTE.

O plaisir nompareil!
Qui sans nuage enfin me fait voir mon Soleil.

S

LA COMEDIE

ARBAZE.

Allons, pour couronner cette heureuse iournée,
De nos parfaits Amans terminer l'Hymenée.

NERICE.

Allons, i'en suis contente.

ASPHALTE.

O bien-heureux Amans!
Que ie prendrois de part à vos contentemens,
Si la Beauté, qu'Amour a rendu Souueraine,
Dessus mes volontez prenoit part à ma peine!
Si par vn sentiment d'Amour, & de pitié,
Florine respondoit à ma saincte amitié.

FLORINE tout bas.

O Dieu! que ce discours sensiblement me touche.

CLEONICE.

Florine, en verité vous seriez trop farouche,
Si vous ne secondiez les vœux d'vn tel Amant.

AGLANTE.

Ie trouue le party sortable extremément.

ASPHALTE.

C'eſt en vous apres elle, Arbaze, que i'eſpere,

ARBAZE.

Ie l'en conjureray par le nom de ſon Pere,
Qui mourant ordonna, qu'elle fût ſous ma loy;
Accepte ſon amour, & luy donne ta foy.

FLORINE.

Certes, ie fremis toute au nom du Mariage,
Car on m'a toujours dit, que c'eſt vn grand paſſage;
I'ay peur d'étre trop ieune encor pour y ſonger.

ORPHISE.

En effet, ce diſcours la doit bien affliger.

ASPHALTE.

O Reine de mon cœur, adorable Florine,
Qui ſeule de mon mal portés la Medecine,
Flattez-le d'vn diſcours vn peu plus ſerieux,
Et ne vous raillez point d'vn nœud miſterieux,
Qui déja dans le Ciel nos deux ames aſſemble,
Et nous doit rendre heureux, s'il nous peut ioindre
  enſemble.   S ij

FLORINE tout bas.

Ma foy, i'en meurs d'enuie, & beaucoup plus que luy,
Asfalte, ie dépens des volontez d'autruy.

ARBAZE.

S'il ne tient qu'à ma voix, elle vous est donnée ;
Vous pouuez faire ensemble vn second Hymenée ;

FLORINE.

En ce cas i'y consens.

ASPHALTE.

Ò doux consentemens,
Qui me rendent heureux dessus tous les Amans!

FLORINE.

Ie ne suy pas trop bien ma premiere entreprise,
I'étois venuë icy, pour prendre, & ie suis prise,
Amour, le ioly jeu qu'en ces lieux on apprend,
Où, dés le premier coup, qui veut prendre, se prend.

FIN.

www.ingramcontent.com/pod-product-compliance
Lightning Source LLC
Chambersburg PA
CBHW050015100426

42739CB00011B/2660